GÜVEN BAKIR · SOPHILOS

HEIDELBERGER AKADEMIE DER WISSENSCHAFTEN

KOMMISSION FÜR ANTIKE KERAMIK

Keramikforschungen

IV

VORSITZENDER DER KOMMISSION: ROLAND HAMPE

GÜVEN BAKIR

SOPHILOS

Ein Beitrag zu seinem Stil

VERLAG PHILIPP VON ZABERN · MAINZ AM RHEIN

Gedruckt mit Unterstützung der Ceramica-Stiftung, Basel, der Heidelberger Akademie der Wissenschaften,
der Philipp von Zabern Stiftung und der Vereinigung der Freunde der Studentenschaft der Universität Heidelberg e. V.

XII, 84 Seiten mit 42 Text- und 194 Fotoabbildungen

Inhaltsverzeichnis

Vorwort

Die vorliegende Arbeit beschäftigt sich mit dem Stil des Sophilos, des Vasenmalers, der bis jetzt der erste unter den Künstlern in der Geschichte der attischen Vasenmalerei ist, die durch Signaturen ihren Eigennamen selber nennen. Nimmt man den Gorgomaler und Kleitias als zwei Stützpunkte der allgemeinen Stilentwicklung und der relativen Chronologie der attischen Vasenmalerei im ersten Drittel des 6. Jhs. an, spielt Sophilos eine verbindende Rolle zwischen diesen Malern. Während er sich mit seinen Tierfiguren an den den Zeitstil bestimmenden Gorgomaler anhängt, zeigt er mit seinen Handlungsbildern einen neuen Weg, der von Kleitias weitergeführt wird. Obwohl wir von Sophilos mehr Gefäße mit Handlungsbildern als von seinen Zeitgenossen besitzen, ist er vor allem ein Tierfriesmaler. Eine große Anzahl seiner Gefäße ist nur mit Tierfriesen verziert. Auch die Gefäße mit mythologischen Szenen haben immer Tierfriese unter dem Handlungsbild. Im Vergleich zu den Menschendarstellungen bilden also die Tierfiguren des Malers eine dichtere Reihe und zugleich einen zuverlässigeren Ausgangspunkt zu der Feststellung seines Stils und der Entwicklungsreihe seiner Werke, in der erst die Stellen der menschlichen Darstellungen ermittelt werden kann.

Für die Bereitstellung der Photographien und für die Hinweise bedanke ich mich bei D. M. Bailey (London), L. Beschi (Athen), M. Bergmann (Marburg/Lahn), A. Birchall (London), J. Bourriau (Cambridge), M.-L. Bull (Kopenhagen), H. A. Cahn (Basel), J. Charbonneaux (Paris), N. Dolunay (Istanbul), A. Eggebrecht (Hildesheim), N. Fıratlı (İstanbul), J. F. Gardner (Reading), K. S. Gorbunova (Leningrad), J. R. Green (Sydney), C. H. Greenewalt, Jr. (Berkeley), A. Greifenhagen (Berlin), H. Gropengiesser (Heidelberg), H. Gültekin (İzmir), D. Haynes (London), D. K. Hill (Boston), W. Johannowski (Salerno), D. C. Kurtz (Oxford), G. Maetzke (Florenz), K. Mihalowski (Warschau), S. Mollard-Besques (Paris), R. V. Nicholls (Cambridge), P. Piotrowski (Leningrad), P. J. Riis (Kopenhagen), E. Rohre (Berlin), B. Ruszczyc (Warschau), B. Schmalz (Athen), H. Sichtermann (Rom), R. Tölle-Kastenbein (Dortmund), M. Vickers (Oxford), F. Villard (Paris), A. Waiblinger (Paris), V. Zinserling (Jena).

Zu großem Dank verpflichtet bin ich Herrn Professor Sp. Marinatos, der mir die Bearbeitung des Materials in den griechischen Museen ermöglicht hat. Für die Erlaubnis der Aufnahmen und der Bearbeitung des Materials gilt mein aufrichtiger Dank auch V. Kallipolitis, B. Philippaki, S. Karousou (Nationalmuseum); H. A. Thompson, A. Dimoulini, J. Philippides (Agora-Museum); A. Vavritsas, H. Walter (Museum in Aegina). Den Einblick in das Magazin in der Fethiye-Moschee zu Athen, wo die Funde aus dem Nymphenheiligtum am Südabhang der Athener Akropolis aufbewahrt sind, verdanke ich J. Miliades, G. Dontas und Ch. Papadopoulou-Kanellopoulou.

Den Herren Professoren E. Akurgal und R. Hampe, die diese Arbeit unermüdlich mit Rat und Tat gefördert haben, meinen ergebensten Dank auszusprechen, liegt mir besonders am Herzen.

Besonderen Dank schulde ich der Heidelberger Akademie der Wissenschaften, daß sie dieses Buch zum Druck in die Reihe ihrer Schriften aufgenommen hat, ferner der Philipp von Zabern Stiftung sowie der Vereinigung der Freunde der Studentenschaft der Universität Heidelberg e.V. für finanzielle Beihilfen. Schließlich gilt mein Dank Herrn Franz Rutzen, dem Inhaber des Verlags Philipp von Zabern, dafür, daß er die Herausgabe dieses Buches mit persönlichem Einsatz betreut hat.

Bornova-İzmir   Güven Bakır

Verzeichnis der Textabbildungen

Abbildungsverzeichnis

Forschungsgeschichte

Die Überlieferung des Eigennamens des Sophilos, von dem uns jetzt vier signierte Gefäße erhalten sind, verdanken wir zunächst einem Dinosfragment, das 1882 auf der Akropolis zu Athen gefunden worden ist (Kat.Nr. A.2; Abb. 5c)[1]. Die auf diesem Fragment neben der Signatur erhaltenen Zeichnungsreste lassen vom Stil des Malers fast nichts erkennen. Mit Hilfe der technischen Eigenschaften konnte man jedoch weitere Fragmente feststellen, die, trotz ihrer unterschiedlichen Fundorte auf der Akropolis, zusammen mit dem die Signatur tragenden Fragment zu ein und demselben Dinos gehören[2]. Erst mit den später hinzugekommenen Fragmenten, auf denen mit der Signatur gesicherte menschliche Figuren und eine Lotos-Palmetten-Kette erhalten sind, war es möglich, neben dem Namen des Malers auch seine Malweise und Handschrift bei den Menschendarstellungen kennenzulernen.

Taf. 3.90

Sämtliche Fragmente dieses Dinos (Abb. 5a–j) stammen vom obersten Fries, wo eine mythologische Szene, der Götterzug zur Hochzeit von Peleus und Thetis, dargestellt ist. Die Reste eines Flügels und die Eberborsten auf zwei Fragmenten weisen darauf hin, daß die unteren Friese des Dinos mit Tierfiguren verziert waren. Anhand der später gefundenen Dinoi des Sophilos kann heute mit Sicherheit gesagt werden, daß auch der Dinos von der Akropolis einst unter dem ersten Fries noch drei Tierfriese besaß. Da die Tierdarstellungen dieses Gefäßes völlig verlorengegangen sind, war es damals nicht möglich, die nur mit Tierfriesen verzierten Gefäße des Malers als seine eigenhändigen Werke zu identifizieren. In jener Zeit wurden Tierfries-Gefäße in einer Gattung gesammelt und nach dem Hauptfundort Vourva in Attika als »Vourvavasen«, deren Stil als »Vourvastil« benannt[3]. Später wurden in dieser Gattung Gefäße von verschiedenen Malern und darunter auch solche des Sophilos festgestellt. Die stilistische und thematische Verwandtschaft, die diese Gefäße in einer Gattung zu sammeln Anlaß gab, ist nichts anderes als der allgemeine Zeitstil der attischen Vasenmalerei im ersten Drittel des 6. Jhs.

Taf. 3–5

Die Entdeckung des zweiten signierten Gefäßes des Sophilos, dessen unvollständig erhaltene Signatur erst nach dem Auftauchen des Dinos von der Akropolis ausfindig gemacht werden konnte, verdanken wir P. Wolters (Kat.Nr. A.20; Fig.6.7, Abb. 15–20)[4]. Unter den zahlreichen Fragmenten, die im Dromos der Tholos bei Menidi ausgegraben worden sind[5], hat er außer der Identifizierung der Signatur auch die Zugehörigkeit weiterer Fragmente zu diesem Gefäß festgestellt. Während der Akropolis-Dinos den Eigennamen des Malers gibt und uns über seinen Stil bei Menschendarstellungen informiert, vermittelt der Ausguß-Kessel aus Menidi Kenntnisse über seine Tierfiguren, die im zweiten Fries dieses Gefäßes erhalten sind. Obwohl die beiden durch Signatur gesicherten Gefäße sehr fragmentarisch

Taf. 8–10

---

1 K. D. Mylonas, Ephem 1, 1883, 37; J. D. Beazley, ABV 39 Nr. 15.

2 Fr. Winter, AM 14, 1889, 1ff.; P. Wolters, JdI 13, 1898, 19 Anm. 8.

3 Zur Vourvagattung: M. P. Nilsson, JdI 18, 1903, 124ff.; B. Graef – E. Langlotz, Die antiken Vasen von der Akropolis zu Athen (1925), 51ff.; B. Stais, AM 15, 1890, 323; ders., AM 18, 1893, 55ff.

4 P. Wolters, JdI 13, 1898, 13–28, Taf. 1; ders., JdI 14, 1899, 103–135; J. D. Beazley, ABV 40 Nr. 21 und 42 Nr. 36; ders., Paralipomena 18.

5 Zu den Ausgrabungen dieser Tholos: H. G. Lolling, Das Kuppelgrab bei Menidi (1880); ders., AM 12, 1887, 139f.; A. Furtwängler – G. Loeschcke, Mykenische Vasen (1886), 39.

sind, ergänzen sie sich gegenseitig und bilden einen guten Ausgangspunkt für weitere Untersuchungen über ihren Maler. In der Veröffentlichung des Menidi-Kessels hat P. Wolters schon auf die Beziehungen zwischen Sophilos und den Vourvavasen hingewiesen[6]. Unter den Gefäßen, die er als Beispiele zu dieser Beziehung ausgewählt hatte, waren auch diejenigen, die später mit Sophilos in Verbindung gebracht wurden.

Auf Grund einer falschen Vorstellung vom Ausguß-Kessel aus Menidi hat H. Payne jedoch die Zusammengehörigkeit dieser Fragmente angezweifelt. Er betrachtete sie als Fragmente verschiedener Gefäße. Infolgedessen nahm er an, daß nur das Fragment mit Signatur von einem Gefäß des Sophilos stammt und sprach ihm die Tierfiguren auf den anderen Fragmenten ab[7]. S. Karousou und J. D. Beazley haben sich dieser Meinung angeschlossen[8]. So wurden die Fragmente des Gefäßes aus Menidi immer getrennt behandelt, bis J. Boardman und D. Kallipolitis-Feytmans, wie P. Wolters sechzig Jahre vor ihnen, feststellten, daß diese Fragmente zu ein und demselben Gefäß gehören[9].

Auf das Urteil von H. Payne hin hatte der Ausguß-Kessel aus Menidi jedoch seine Schlüsselstellung für die Untersuchungen über Sophilos verloren, und so wurden auch die Kenntnisse über seine Tierfiguren, die durch dieses Gefäß vermittelt waren, verkannt[10]. Es dauerte jedoch nicht lange, bis man einen

Taf. 6.7 Ersatz gefunden hatte: den Dinos aus Pharsalos (Kat.Nr. A.3; Fig. 1–5, Abb. 10–14)[11]. Dieser wiederum fragmentarisch erhaltene Dinos ist deswegen wichtig, weil er diesmal eindeutig mit Signatur gesicherte Tierfiguren des Malers überliefert. Die Bedeutung dieses Gefäßes für die attische Vasenmalerei des frühen 6. Jhs. wurde von S. Karousou vorbildlich erkannt[12]. Mit Hilfe des Pharsalos-Dinos hat sie die stilistischen Untersuchungen über Sophilos weitergeführt. Zum ersten Male wurde auf unsignierten, nur mit Tierfiguren verzierten Gefäßen der Stil des Sophilos festgestellt. Bei ihren Zuweisungen konnte sie sich jedoch vom Begriff »Vourvastil«, d. h. vom allgemeinen Zeitstil des frühen 6. Jhs., nicht befreien. So wurden außer den Werken des Sophilos auch die Gefäße des vorher verhältnismäßig gut identifizierten Gorgomalers und die des KX-Malers unter dem Namen des Sophilos gesammelt. Die eindeutigen Stilunterschiede, die sich unter den von ihr zugewiesenen Gefäßen sichtbar machten, erklärte sie als Charakteristika der drei Entwicklungsphasen des Stils von Sophilos. So besteht in ihrer Liste die erste Stilphase hauptsächlich aus den Werken des Gorgomalers, die zweite aus denen des KX-Malers gemischt mit denen des Sophilos und die dritte fast nur aus den Gefäßen des Sophilos selbst[13].

Nach den Studien von S. Karousou hat J. D. Beazley unter den von ihr zugewiesenen Gefäßen außer der des Sophilos auch die Handschrift des Gorgomalers und des KX-Malers erkannt[14]. Damit wurde der Stil des Sophilos seinen Zeitgenossen gegenüber klarer hervorgehoben. Die neu aufgetauchten Gefäße, teils eigenhändige Werke des Malers, teils Werkstattarbeiten, wurden von Beazley in seine beiden Werke aufgenommen[15]. Unter diesen befindet sich das vierte Gefäß mit Signatur, ein fast vollständig

6 P. Wolters, JdI 13, 1898, 21.

7 J. D. Beazley, Attic Black-Figure. A. Sketch (1928), 14 Anm. 1; H. Payne, Necrocorinthia (1931), 200 Anm. 1.

8 S. Karousou nimmt nur das Fragment mit Signatur an. Die anderen will sie einem Nachahmer zuschreiben: AM 62, 1937, 113 Anm. 1. J. D. Beazley hat zwar auf sämtlichen Fragmenten den Stil des Sophilos erkannt, aber sie als Fragmente zweier Vasen betrachtet: Hesperia 13, 1944, 51 Nr. 19 und 20; ABV 40 Nr. 21 und 42 Nr. 36.

9 J. Boardman, BSA 53/54, 1958/59, 156 Anm. 10; D. Callipolitis-Feytmans, Les Louteria Attique (1965), 51–56, Abb. 13, Taf. 14. s. auch J. D. Beazley, Paralipomena 18.

10 Unabhängig von den signierten Gefäßen hat man ein-

heitlichen Stil auf den Gefäßen um die Amphoren aus Vourva und Marathon festgestellt. Da aber damals eine sichere Verbindung zwischen diesen Gefäßen und dem Namen des Sophilos fehlte, war es nicht leicht, sie ohne weiteres dem Sophilos zuzuschreiben: J. D. Beazley, Hesperia 13, 1944, 38f.

11 Y. Béquignon, MonPiot 33, 1933, 42ff.; J. D. Beazley, ABV 39 Nr. 16.

12 S. Karousou, AM 62, 1937, 111ff., Taf. 43ff.

13 S. Karousou, a.O. 132ff.

14 J. D. Beazley, Hesperia 13, 1944, 39ff.

15 J. D. Beazley, ABV 37–44, 681, 714; ders., Paralipomena, 18–19.

2

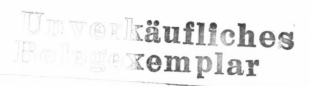

erhaltener Dinos mit zugehörigem Ständer, der früher in der Privatsammlung von R. Erskine in London war und jetzt im Britischen Museum aufbewahrt ist (Kat.Nr. A.1; Abb.1–4)[16]. Dieses Gefäß, das ein Gegenstück zum Akropolis-Dinos ist, bietet eine neue Kontrollmöglichkeit für die bisherigen Forschungen über Sophilos.

Taf. 1.2

Auf dem heutigen Stand der Forschung über Sophilos ergeben sich folgende Hauptfragen:
Die stilistische Trennung von Beazley – daß der Gorgomaler, der KX-Maler und Sophilos als drei Persönlichkeiten zu betrachten seien – wird heute allgemein anerkannt. Es wurde jedoch neuerdings eine Vermutung geäußert, daß der Gorgomaler die frühe Stufe des Sophilos sei[17]. Nach der Untersuchung von I. Scheibler, die die Trennungslinie zwischen den persönlichen Eigenschaften der beiden Maler so sicher gezogen hat, erübrigt sich hier eine nochmalige Diskussion der Frage[18].
In den Zuweisungen mancher Vasen sind die Wissenschaftler miteinander nicht einig. Bei einigen Gefäßen geht es darum, ob sie eigenhändige Werke oder Werkstattarbeiten sind[19]. Bei den anderen ist es die Frage, ob sie überhaupt mit Sophilos etwas zu tun haben[20]. Bis zu welchem Grade sich die mit Sophilos in Verbindung gebrachten Vasen als eigenhändig bemalte Werke des Malers oder als Werkstattarbeiten unterscheiden lassen, und ob tatsächlich von der Zuweisungsliste von Beazley etwas abzustreichen ist, muß untersucht werden.
Außer den stilistischen Untersuchungen bedürfen die Gefäße einer neuen chronologischen Einordnung. Zuerst soll die Chronologie der einzelnen Gefäße innerhalb der Schaffenszeit des Malers festgestellt werden, dann soll die zeitliche Stellung des ganzen Werkes in der attischen Vasenmalerei gesucht werden[21]. Ein Versuch will im raschen Stilwandel zwischen der Frühzeit und der Reifezeit des Gorgomalers den Widerhall der solonischen Reformen feststellen[22]. In der Entwicklung der frühen

16   P. E. Arias – M. Hirmer, A History of Greek Vase Painting. Translated and Revised by B. B. Shefton (1962), 285, 293; P. Zanker, Wandel der Hermesgestalt in der attischen Vasenmalerei (1965), Taf. 13,1; J. D. Beazley, Paralipomena 19, Nr. 16 bis; A. Birchall, The British Museum Society Bulletin, Nr. 10, June 1972, 13f.; dies., BMQ 36, 1972, 107–110, Taf. 34–37; J. Boardman, Athenian Black Figure Vases, A Handbook (1974), 18f., Abb. 24; M. Robertson, Handbook of Greek Art (1975), 127, Taf. 35a; B. F. Cook, Greek and Roman Art in the British Museum (1976), 48 Abb. 37; J. Boardman, Schwarzfigurige Vasen aus Athen (1977), 21, Abb. 24.

· 17   S. Karousou, Angeia tou Anagyrountos I (1963), 45.
18   J. Boardman, BSA 53/54, 1958/59, 155 Anm. 6; I. Scheibler, JdI 76, 1961, 27ff.
19   z. B. Der Lebes Gamikos aus Smyrna wurde von Beazley als eigenhändig bemalt betrachtet (ABV 40 Nr. 20), während Boardman ihn als eine Werkstattarbeit annimmt (BSA 53/54, 1958/59, 153ff.). So auch der Dinos aus Gortyn (W. Johannowsky, ASAtene 17/18, 1955/56, 44ff.; J. Boardman, BSA 53/54, 1958/59, 155 Anm. 6 und 7; J. D. Beazley, Paralipomena 18 Nr. 14 bis) und die Fragmente eines Kolonettenkraters, Inv. Nr. C 12251, im Louvre (J. D. Beazley, ABV 40 Nr. 23; F. Villard, CVA, Louvre [12], 124 Taf. 157).
20   Ausguß-Kessel aus Vari: I. Scheibler, JdI 76, 1961, 22

Anm. 57; S. Karousou, Angeia tou Anagyrountos I (1963), 67.
21   Beazley nimmt die signierten Gefäße und die Gefäße mit mythologischen Darstellungen als spätere Werke des Malers an (The Development of Attic Black-Figure [1964], 17). Von den chronologischen Einordnungen der Gefäße, die Boardman vorgeschlagen hat (BSA 53/54, 1958/59, 155 Anm. 7), weiche ich in einigen Punkten ab. Die chronologische Liste von Karousou (AM 62, 1937, 132ff.), von der jetzt mehrere Gefäße anderen Malern zugewiesen sind, gilt heute als überholt. Scheibler diskutiert zeitliche Berührungspunkte zwischen Sophilos und dem Gorgomaler (JdI 76, 1961, 26). Sie datiert die Grabpinakes in der Sammlung von Vlastos gleichzeitig mit der Reife- und Spätzeit des Gorgomalers. Der Kolonettenkrater in Athen und die Bauchamphora in Jena werden von ihr erst mit den Schulwerken des Gorgomalers gleichzeitig angesetzt.
22   I. Scheiber, JdI 76, 1961, 23ff. Da aber m. E. die Datierung des Gorgomalers mit Hilfe der solonischen Reformen auf unsicherem Boden steht, gewinnt auch die davon abgeleitete Datierung der korinthischen Keramik (I. Scheibler, a.O. 26 Anm. 74) nicht an Wahrscheinlichkeit. Zur Problematik der von der Payne'schen Chronologie abweichenden Datierungen der korinthischen Keramik s. zuletzt: K. Fittschen, Untersuchungen zum Beginn der Sagendarstellungen bei den Griechen (1969), 212.

schwarzfigurigen attischen Vasenmalerei gibt es auch andere Gruppen, denen ein rascher Stilwandel anzumerken ist. Auch bei ihnen wäre man berechtigt, diesen Vorgang mit den Reformen des Solon zu erklären. Es wäre ein großer Fortschritt, wenn wir tatsächlich feststellen könnten, welche von diesen – und aus welchem Grund – mit diesem Ereignis zusammenfällt. Es ist sicher, daß auch die Vasenmaler und Töpfer als Mitmenschen von den politischen Ereignissen in ihrer Gesellschaft beeinflußt wurden. Aber es ist sehr unsicher, ob sich dies Ereignis im Stil der Vasenmaler niedergeschlagen hat, und wenn ja, ob wir dies mit unseren Mitteln feststellen können. Daher müssen wir für die Chronologie dieser Zeit andere Methoden verwenden.

Die signierten Gefäße

SIGNATUREN

Die Signaturen des Malers befinden sich immer im ersten, für ein Handlungsbild reservierten Fries der Gefäße. Die ersten Friese des Dinos von der Akropolis (Kat.Nr. A.2; Abb. 5. 194)[23] und seines gut erhaltenen Gegenstücks im Britischen Museum (Kat.Nr. A.1; Abb. 1–4)[24] stellen einen Götterzug zur Hochzeit von Peleus und Thetis dar. Unter der Führung von Iris hat die Spitze des Zuges ihr Ziel, das in Form eines Antentempels wiedergegebene Haus, erreicht. Peleus steht vor diesem Haus, in dem sich Thetis aufhält[25], und bringt ein Trankopfer dar, während Iris ihn auf die kommenden Götter aufmerksam macht[26]. Die Signaturen sind zwischen Säule und Antenmauer angebracht (Abb. 194). Beide Signaturen, die auf dem Dinos von der Akropolis ΣΟΦΙΛΟΣΕΓΡΑΦΣΕΝ (linksläufig) und auf dem Dinos im Britischen Museum ΣΟΦΙΛΟΣ:ΜΕΓΡΑΦΣΕΝ (linksläufig) lauten, machen Sophilos als Maler dieser Dinoi kenntlich. *Taf. 3.90* *Taf. 1.2* *Taf. 90*

Der erste Fries des Dinos aus Pharsalos (Kat.Nr. A.3; Abb. 10)[27] stellt die von Achilleus veranstalteten Wettkämpfe zu Ehren des Patroklos dar. Von dieser Darstellung ist nur ein Teil des Wagenrennens, und zwar die Pferde des ersten Viergespanns, ein Teil der Tribüne mit den Zuschauern, die Hand des Achilleus, die Signatur des Malers und die schriftliche Erläuterung des Handlungsbildes erhalten. Es ist anzunehmen, daß in dem nicht erhaltenen Teil dieses Frieses auch andere Spiele dargestellt waren[28]. Die an der rechten Kante des Fragments erhaltene und mit (wohl ungewollt) verdünntem Firnis gezeichnete Hand[29], die unmittelbar in der Nähe der Beischrift ΑΧΙΛΕΣ steht, gehört sicher dem *Taf. 6*

---

23 J. D. Beazley, ABV 39 Nr. 15.
24 J. D. Beazley, Paralipomena 19 Nr. 16 bis.
25 Thetis, die sich im Haus aufhaltend zu denken ist, kann der Zuschauer wegen der geschlossen dargestellten Flügel der Tür nicht sehen (Abb. 2.3). Der Maler Kleitias läßt jedoch einen Türflügel offen, damit man im Innern des Hauses Thetis auf dem Brautbett sitzen sieht. Ferner hat er die Figur der Thetis beschriftet: E. Simon − M. und A. Hirmer, Die griechischen Vasen (1976), 70, Taf. 53.56.
26 Mit Hilfe des Erskine-Dinos im Britischen Museum können wir jetzt das Handlungsbild des Dinos von der Athener Akropolis ergänzen, dessen erhaltene Figuren mit

denen des Dinos im Britischen Museum übereinstimmen: vgl. Kat.Nr. A.1 (Abb. 1–4) mit Kat.Nr. A.2 (Abb. 5–9).
27 J. D. Beazley, ABV 39 Nr. 16.
28 J. D. Beazley, The Development of Attic Black-Figure (1964), 19. Auch die Mehrzahlform des ἄθλον spricht dafür: K. Friis Johansen, The Iliad in Early Greek Art (1967), 86ff.
29 Diese Hand ist auf der abgerollten Zeichnung des Fragments in MonPiot 33, 1933, Taf. 6 nicht aufgenommen. Sie ist auf der Tafel 39 von P. E. Arias − M. Hirmer, Tausend Jahre griechische Vasenkunst (1960) noch zu sehen. Ferner s. E. Simon − M. und A. Hirmer, Die griechischen Vasen (1976), 69 Taf. 50.

Achilleus. Da diese Hand als Begeisterungsgeste zu der Seite des Wagenrennens vorgestreckt ist, folgte auch Achilleus selbst, wie die Zuschauer auf der rechten Seite der Tribüne, den Ergebnissen des Wagenrennens. Nach der Höhe seines Namens reichte der Kopf des Achilleus bis zur oberen Grenze des Frieses. Dafür spricht auch die Stellung seiner Hand innerhalb der Höhe des Frieses. Die Signatur, die neben der Erläuterungsinschrift steht, erklärt Sophilos als Maler dieses Dinos: ΣΟΦΙΛΟΣ:ΜΕΓ-ΡΑΦΣΕΝ (linksläufig). An der linken Kante des Fragments, über den Pferden sind zwei Buchstaben und ein vertikaler Strich von einer dritten erhalten. Beazley ergänzte diesen dritten Buchstaben als Phi und nahm an, daß hier die zweite Signatur, und zwar ΣΟΦ[ΙΛΟΣ:ΜΕΠΟΕΣΕΝ] vorhanden gewesen sei. Auf dem Original gibt es jedoch keine sichere Spur, diesen dritten Buchstaben als Phi zu ergänzen[30]. Wenn wir die entsprechende Darstellung des Volutenkraters von Kleitias und Ergotimos in Florenz, dessen Maler aus dem selben Vorbild wie Sophilos geschöpft zu haben scheint, als Analogie heranziehen dürfen, ist an dieser Stelle eher der Name des Wagenlenkers zu erwarten, vielleicht der des Antilochos oder der des Eumelos, wenn die Beischriften auf diesem Gefäß mit den Namen des Epos übereinstimmen[31].

Taf. 8–10   Von der Vorderseite des Ausguß-Kessels aus Menidi (Kat.Nr. A.20; Abb. 15–20)[32], auf dessen Rückseite der Kampf zwischen Herakles und den Kentauren dargestellt ist, ist uns abgesehen von dem Ausguß nur das die Signatur tragende Fragment erhalten. Die ursprüngliche Stelle dieses Fragments auf dem Gefäß war unmittelbar unter dem Ausguß. Ein Firnisfleck über dem Kopf der Schlange

Taf. 8   (Abb. 16), wo die Wandung dicker wird und sich nach außen biegt, stammt von der Ansatzstelle des Ausgusses. Der Raum unter dem Ausguß, wo sich eine dreizeilige Inschrift befindet[33], ist die Begegnungsstelle der von links auf dem Wagen und von rechts zu Fuß kommenden Personen. Da von den Figuren dieser Seite zu wenig erhalten und die Inschrift stark verwittert ist, bleibt das auf dieser Seite des Gefäßes dargestellte Thema im Dunkeln. In der ersten Zeile der Inschrift sind drei Buchstaben zu lesen . . .]ΕΠΟ[. . . (linksläufig). Firnisspuren, die sich in der Richtung dieser Zeile nach unten fc tsetzen, bedeuten, daß auch diese Zeile fast bis zur Bodenlinie des Frieses reichte. Ob es sich bei dieser Zeile um eine Weih- oder Erläuterungsinschrift handelt, oder ob diese Buchstaben von dem Namen der Frau stammen, deren Fuß an der rechten Kante des Fragments zu sehen ist, kann nicht mit Sicherheit bestimmt werden[34]. In der zweiten Zeile, die von oben nach unten (also linksläufig) geschrieben ist, befindet sich die Signatur des Sophilos: ΣΟΦ]ΙΛΟΣ:ΜΕ[. . .]ΣΕΝ. Ob Sophilos dieses Gefäß als Maler oder als Töpfer signiert hat, ist nach dem Erhaltungszustand nicht mit Sicherheit festzustellen. Ausgehend von dem Abstand zwischen ΜΕ und ΣΕΝ, der für drei normal geschriebene Buchstaben ausreicht, ergänzte Beazley diese Zeile als ΣΟΦΙΛΟΣ:ΜΕΠΟΕΣΕΝ[35]. P. Wolters dagegen sprach von einer Ergänzungsmöglichkeit als ΣΟΦΙΛΟΣ:ΜΕΓΡΑΦΣΕΝ allerdings mit irgend einem Schreibfehler[36], welcher in der Tat bei Handschriften des Sophilos häufig vorkommt[37]. Die

30 s. Y. Béquignon, MonPiot 33, 1933, 49, Abb. 7; P. E. Arias – M. Hirmer, Tausend Jahre griechische Vasenkunst (1960), Taf. 39; E. Simon – M. und A. Hirmer, Die griechischen Vasen (1976), 49, Taf. 50.

31 So z. B. stimmen die Namen der Wagenlenker auf dem Volutenkrater des Kleitias in Florenz bis auf Diomedes nicht mit denen in Epos überein. Vgl. die Tafel 25 von A. Minto, Il Vaso François (1960) mit Ilias 23, 288ff. Auch J. D. Beazley, The Development of Attic Black-Figure (1964), 34. Ferner E. Simon – M. und A. Hirmer, a.O., 69.

32 J. D. Beazley, ABV 40 Nr. 21 und 42 Nr. 36; ders., Paralipomena 18.

33 Zur Besprechung der Inschrift: P. Wolters, JdI 13, 1898, 17ff., Fig. 1.

34 Nach den Resten, die Wolters behandelte (JdI 13, 1898, 18f.) besteht jedoch eine Möglichkeit diese Zeile als . . .ΗΙ]ΕΡΟ[Ν:ΕΜΙ . . . zu ergänzen; vgl. M. Z. Pease, Hesperia 5, 1936, 272.

35 J. D. Beazley, ABV 42 Nr. 36.

36 P. Wolters, JdI 13, 1898, 19.

37 z. B. bei der Signatur des Dinos aus Pharsalos ist ein vergessenes Ε nachträglich hineingeschoben (Abb. 10). Das Υ bei dem Namen des Achilleus auf dem Pharsalos-Dinos (Abb. 10) und das Ν in der Beischrift der Kentauren auf dem Ausguß-Kessel aus Menidi (Abb. 17.19) sind vergessen.

dritte Zeile ist von unten nach oben geschrieben. Da diese Zeile mit Worttrennungspunkten beginnt, scheint sie Fortsetzung der zweiten Zeile zu sein. Ob zwischen beiden Zeilen eine sinnverwandte Beziehung besteht, d. h. ob in der dritten Zeile eine Töpfer- bzw. Malersignatur des Sophilos steckt, ist nicht mehr zu ermitteln. Da inzwischen der Erhaltungszustand dieses Fragments sich weiter verschlechtert hat, und einige von P. Wolters aufgenommene Spuren nicht mehr zu sehen sind, führt eine neue Prüfung dieser Inschrift zu keinem näheren Ergebnis.

Aus den Signaturen auf den Dinoi im Britischen Museum, aus Pharsalos und von der Athener Akropolis ist es zu schließen, daß Sophilos ein Vasenmaler war. Ob er seine Gefäße selber getöpfert hat, ist schriftlich nicht überliefert. Da die wenigen gut erhaltenen Gefäße keine Reihen bilden und die anderen fragmentarisch auf uns gekommen sind, würden die Profilvergleiche zur Feststellung der Töpferhand nicht helfen.

TIERFIGUREN

Löwen

Der gut erhaltene Erskine-Dinos besitzt mehrere Löwenfiguren, die nicht immer die gleichen Einzelheiten aufweisen. Einer von den beiden Löwen im zweiten Fries auf dem Dinos, der einem Eber gegenübersteht (Abb. 1), hat eine Flammenmähne aus langen, vertikal herabfallenden Locken. Eine *Taf. 1* leicht S-förmige und an dem hufeisenähnlichen Ohr hängende Kragenmähne, die mit einer Wellenlinie verziert ist, bildet die Grenze zwischen dem Kopf und dem Hals. Der Schopf des Tieres ist durch die krummen Ritzlinien bezeichnet. Im Innern des leicht geöffneten Mauls sind ein einziger Eckzahn und eine herausgestreckte Zunge zu sehen. Eine durchgehende Ritzlinie von der Nasenspitze bis zum Unterkiefer bekräftigt die Kontur des Mauls. Die Augenbraue ist durch einen Bogen, das Auge durch einen Kreis und die Augenwinkel sind durch zwei Striche wiedergegeben. Zwei lange, geschwungene Ritzlinien zeichnen die Hautfalten der Hinterschenkel. Ein Bogen und zwei kurze Striche auf den vorderen Tatzen geben die Krallen summarisch wieder, während die hinteren Tatzen undetailliert gelassen sind. Die Vorderbeine sind wie aus einer Hose herauswachsend dargestellt. Der andere Löwe in diesem Fries (Abb. 3.4) stimmt in mehreren Zügen mit dem ersten überein. Ihm fehlt jedoch die *Taf. 2* Flammenmähne, an deren Stelle das durch eine verdoppelte Linie gezeichnete bogenförmige Schulterblatt zu sehen ist. Ferner hat er am Nacken angebrachte, kettenartig gereihte Haarzotteln, die bei dem ersten Löwen nicht vorhanden sind. Auch seine mit horizontalen Parallellinien verzierte Kragenmähne weicht von der des ersten Löwen ab. Die Schwanzquaste ist mit einem liegenden T detailliert. Die voneinander abweichenden Eigenheiten bei der Mähnenwiedergabe dieser zwei Löwen kommen bei einem weiteren Löwen im dritten Fries (Abb. 3.4) miteinander kombiniert vor. Er hat sowohl die Zottelkette am Nacken als auch die Flammenmähne, deren Locken jedoch nicht mehr vertikal herabfallen, sondern, wie im Wind geweht, diagonal nach hinten gezogen gezeichnet sind. Eine ähnlich aber einigermaßen flüchtig gezeichnete Löwenfigur ist auch im dritten Fries des Ständers (Abb. 1.2) *Taf. 1* vorhanden. Der Löwe im vierten Fries des Dinos (Abb. 1.2) und je ein Löwe im dritten und vierten Fries des Ständers (Abb. 1.2) weisen dagegen weder Zottelkette noch Flammenmähne auf. Die Löwenbilder auf dem Ständer weichen mit ihren durch zwei oder drei diagonale Ritzlinien stilisierten Krallen von den Löwendarstellungen auf dem Dinos ab.

Ähnliche Detailunterschiede sind auch bei den erhaltenen Löwenfiguren auf dem fragmentierten Dinos aus Pharsalos abzulesen. Der Löwe unter dem Handlungsbild auf dem Hauptfragment (Abb. 10, *Taf. 6* Fig. 2) ähnelt dem Löwen mit Zottelkette am Nacken im zweiten Fries des Erskine-Dinos (Abb. 3.4). Er

7

ist jedoch sorgfältiger und detailreicher gezeichnet. Die Zotteln haben jeweils eine zusätzliche Ritzlinie in der Mitte, die Kragenmähne ist durch Doppellinien konturiert und ein verdoppeltes S-förmiges Detail füllt das Innere des Schulterblattes. Bei dem Löwen im niedrigen Fries auf dem Mündungsrand *Taf. 6* des Pharsalos-Dinos (Abb. 12), der mit seiner Flammenmähne den einem Eber gegenüberstehenden *Taf. 1* Löwen des Erskine-Dinos (Abb. 1) in Erinnerung ruft, läßt der Maler ausnahmsweise die Kragenmähne weg. Die Krallen dieses Löwen sind mit einzelnen bogenförmigen Linien wiedergegeben. Die Tatze *Taf. 7* eines weiteren Löwen oder eines Panthers im vierten Fries des Pharsalos-Dinos (Abb. 14) weist mit geraden Linien stilisierte Krallen auf.

Vom signierten Ausguß-Kessel aus Menidi ist bis auf uns nur eine, zum Teil erhaltene Löwenfigur *Taf. 9* (Abb. 17, Fig. 7) gekommen. Er hat Flammenmähne und verdoppelt konturierte Vorderbeine. Seine Krallen sind durch diagonale gerade Linien angedeutet.

Panther

Auch die Panther auf den durch Signatur gesicherten Werken des Sophilos weisen Abweichungen bei den Einzelheiten auf. Die Pantherfiguren im zweiten Fries des Erskine-Dinos haben unterschiedliche *Taf. 1* Gesichtszüge. Der Panther hinter dem Eber im zweiten Fries (Abb. 1) hat wellig umrandete Gesichtskontur. Die von den Ohren kommenden zwei krummen Linien biegen sich in der Stirnmitte nach unten und bilden als zwei parallele Linien den Nasenrücken. Der Schnurrbart ist durch die an den beiden Seiten des Nasenrückens angebrachten horizontalen Linien stilisiert. An der Stirn des Tieres ist ein wie eine krumme Binde aussehendes Detail zu finden. Die Tatzenstilisierung besteht aus gebogenen Linien. Ein Grätenmuster verziert die Schwanzquaste. Bei den anderen Panthern im zweiten Fries dieses Dinos *Taf. 2* (Abb. 3.4) biegen sich die von der Stirn kommenden und den Nasenrücken zeichnenden parallelen Linien in der Höhe des Mauls nach außen, um die Maulpartie als ein leeres Feld zu bezeichnen. Eine weitere Pantherfigur im vierten Fries des Dinos (Abb. 4) hat dieselbe Stilisierung der Maulpartie. Bei einem anderen Panther in demselben Fries sind die den Schnurrbart wiedergebenden Linien an beiden *Taf. 1* Seiten des Nasenrückens diagonal angebracht (Abb. 2). Die Panther in den Friesen des Ständers weisen mit horizontalen Linien gezeichneten Schnurrbärte auf. Bei einigen sind jedoch die äußeren Enden dieser Linien durch kleine Bögen miteinander verbunden, so daß die Stilisierung des Schnurrbartes wie übereinander gestapelte Fächer aussieht, welche wir auch bei einem Panther des Pharsalos-Dinos *Taf. 7.6* (Abb. 14, Fig. 4) wiederfinden. Der Panther auf dem Mündungsrand dieses Dinos (Abb. 11, Fig. 3) weist die Begrenzung der Maulpartie auf, die durch nach außen gebogene Linien des Nasenrückens entstanden ist, wie dies auch bei einigen Panthern des Erskine-Dinos der Fall war. Die Schwanzquaste des Panthers auf dem Mündungsrand des Dinos aus Pharsalos ist mit einem liegenden T angedeutet, die wieder bei einigen Panthern des Erskine-Dinos zu finden ist. Der Panther auf einem Fragment vom *Taf. 9* Ausguß-Kessel aus Menidi (Abb. 18) gesellt sich mit seiner wellig umrandet gezeichneten Gesichtskon- *Taf. 1* tur zu dem Panther im zweiten Fries des Erskine-Dinos (Abb. 1). Wie dieser besitzt auch der andere *Taf. 9* Panther des Ausguß-Kessels (Abb. 17, Fig. 7) ein halbkreisförmiges Detail an der Stirn und einen mit horizontalen Linien dargestellten Schnurrbart.

Sirenen

Die Sirenen des Erskine-Dinos haben zwei verschiedene Haar-Frisuren. Das Haar der Sirenen im *Taf. 1* zweiten Fries, die ein Lotos-Palmetten-Geschlinge flankieren (Abb. 2), ist in zwei Teilen zu betrachten. Eine Wellenlinie vom Haaransatz an der Stirn bis zum Ohr und eine der Wölbung der Kalotte folgende

8

krumme Linie von der Stirn bis zum Ohr geben den Umriß des mit einer Binde zusammengehaltenen Kalottenhaares. Die herabfallende Haarmasse, die unter dem Ohr mit zwei Binden zusammengebunden ist, teilt sich nach den Binden in drei bzw. vier lange Locken. Bei der rechten Sirene sind die Locken mit gewellten Linien konturiert. Bei einer anderen Sirene im dritten Fries (Abb. 1), deren Kalottenhaar *Taf. 1* mit den obigen Sirenen übereinstimmt, hat der Maler jedoch auf die Locken verzichtet. Bei ihr fällt das Haar als eine einzige und sich nach unten verbreitende Masse herab, deren freies Ende mit einer leicht gewellten Doppellinie gerahmt ist. Die Haarmasse wurde ferner in der Höhe der Halsbinde mit einem Wellenmuster verziert. Die beiden Typen der Haarwiedergabe zeigen sowohl die Sirenen auf dem Dinos als auch diejenigen auf dem Ständer und sogar die gegenübergestellten Sirenen in dem vierten Fries des Dinos (Abb. 3) und des Ständers (Abb. 2). *Taf. 2.1*

Die Sirenen des Erskine-Dinos (Abb. 1–4) haben typisch lange und verhältnismäßig dünne Nasen, *Taf. 1.2* deren Nasenflügel bei einigen Beispielen mit Ritzlinien betont sind. Eine verdoppelte bogenförmige Linie vom Hals bis zum Ansatz des Fußes gibt die Kontur des Flügels auf der Brust der Sirene wieder. Eine weitere Doppellinie vom Fußansatz bis zur Spitze des geschwungenen Flügels dient als Begrenzung der Schwingen. Bei einer Sirene sind neben den Schwingen auch die kleinen Deckfedern als eine *Taf. 1* weitere Reihe auf dem Flügel (Abb. 2) dargestellt. Drei bzw. zwei vertikale Doppellinien teilen die Schwänze in Fächer, deren äußerstes mit den Schwanzfedern bedeckt ist. Bei einigen Beispielen weisen die Schwänze eine vertikale Wellenlinie als Verzierung auf. Fast sämtliche Sirenen tragen Halsketten. Die Ohren sehen wie eine Niere aus. Die Füße wachsen, ohne ein besonderes Detail aufzuweisen, aus den Körpern heraus. Dieselben Eigenschaften verraten auch die erhaltenen Sirenen des Dinos aus Pharsalos (Abb. 10.13, Fig. 5). Von den Sirenen des Ausguß-Kessels aus Menidi sind nur Teile erhalten, *Taf. 6.7* die einen Vergleich nicht ermöglichen.

Der fast vollständig erhaltene und mit Signatur gesicherte Erskine-Dinos stellt mit seinen zahlreichen Tierfiguren ein Register des Detailreichtums des Malers dar, das bei den Zuweisungen weiterer Gefäße von großem Wert ist. Dieses Gefäß läßt ferner feststellen, daß Sophilos eine freie Handschrift hat und sich bei den Tierzeichnungen nicht an erstarrte Formen gebunden fühlt. Die zwischen den Tieren gleicher Art in demselben Fries und manchmal sogar zwischen den gegenübergestellten Tieren, deren Einzelheiten sicherlich fast in einem Zug geritzt sind, hervortretenden Detailabweichungen führen beinahe zur Annahme, als wollte der Maler seinen Tieren persönliche Physiognomie verleihen. Doch ist der Detailschatz des Malers wiederum nicht so groß und kommen die als abweichend bezeichneten Einzelheiten bei den gleichartigen Tieren in anderen Friesen immer wieder vor, so daß kein Tier mit seinen persönlichen Zügen allein dasteht bis auf den Panther mit wellig umrandeter Gesichtskontur, dessen Brüder aber diesmal auf einem anderen signierten Gefäß, dem Ausguß-Kessel aus Menidi, gleich gezeichnet zu finden sind. Was die Einzelheiten der Tierfiguren betrifft, so ergänzen sich die drei signierten Gefäße, der Erskine-Dinos, der Dinos aus Pharsalos und der Ausguß-Kessel aus Menidi, gegenseitig. Bei deren Zeichnungen kann man höchstens von Sorgfältigkeit oder Flüchtigkeit sprechen, die zum Teil von der Beschaffenheit der Flächen, die die Tierfriese tragen, bedingt sind. Die starke Krümmung des Schaftes und das kugelförmige Element zwischen zwei Scheiben des Ständers vom Erskine-Dinos (Abb. 1–4), wo die Tiere und die Lotos-Palmetten-Kette flüchtiger als sonst *Taf. 1.2* auswirken, hat sicherlich dem Maler beim Verzieren Schwierigkeiten bereitet. Die Fläche auf dem Standteller ermöglichte ihm dagegen, seine Linien sicherer zu ziehen. Den Unterschied im Aufbau der Firnissilhouette, die zwischen den Löwen und Panthern des Erskine-Dinos (Abb. 1–4) und des Ausguß-Kessels aus Menidi (Abb. 17.18.20, Fig. 7) hervortritt, erklären wir mit dem zeitlichen *Taf. 9.10* Abstand zwischen diesen Gefäßen.

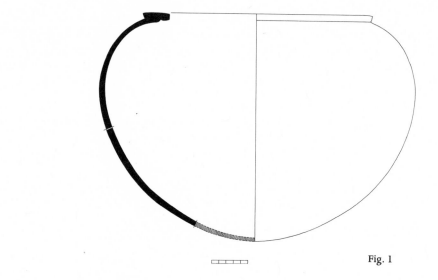

Fig. 1

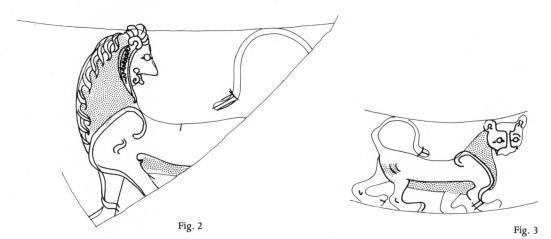

Fig. 2

Fig. 3

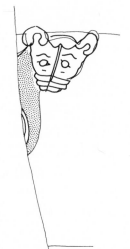

Fig. 4

Fig. 5

A.3 Athen

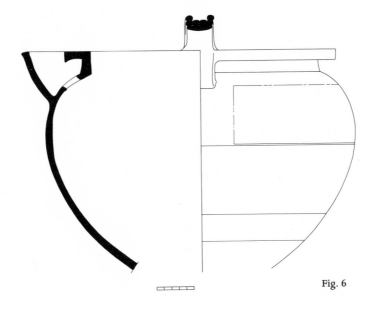

Fig. 6

A.20 Athen

Fig. 7

ORNAMENTIK

Der Zierat des Erskine-Dinos besteht aus Lotos-Palmetten-Kette, Lotos-Palmetten-Geschlinge und sparsam verwendeten Füllrosetten. Die Lotos-Palmetten-Ketten befinden sich auf dem Mündungs-rand[38] und auf der Kugel des Ständers (Abb. 1–4). Die Kettenglieder sind jeweils aus einer Palmette und einer Lotosblüte, die abwechselnd stehend oder hängend gezeichnet sind, zusammengesetzt und durch eine kunstvoll geschlungene, mit drei Ritzlinien belebte Binde miteinander verbunden. Auf den Kelchpartien der Lotosblüten ist ein durch zwei Doppellinien umrahmtes Wellenmuster angebracht.

Verglichen mit der ähnlichen Kette über dem Handlungsbild des Akropolis-Dinos (Abb. 5) sind die Lotosblüten des Erskine-Dinos länger und weisen längere Kelchpartien auf, während die gleichen Teile der Lotosblüten auf dem Akropolis-Dinos gedrungener sind. Die in den Bindenzwickeln gezeich-neten, kleinen Halbkreise auf den Palmetten des letztgenannten Dinos kommen auf dem Erskine-Dinos nicht vor. Der Grund der flüchtiger gezeichneten Lotos-Palmetten-Kette auf der Kugel des Ständers vom Erskine-Dinos wurde oben erwähnt.

Aufrecht stehende bzw. hängende vier Lotosblüten und zwei Palmetten, und seitlich angebrachte weitere zwei Palmetten, die mit paarweise angeordneten und liegenden Achten zusammengehalten sind, bilden das Lotos-Palmetten-Geschlinge zwischen zwei Sirenen im Fries unter dem Handlungsbild des Erskine-Dinos (Abb. 2). Die liegenden Achten sind an den Berührungspunkten zwischen den stehenden und hängenden Lotosblüten bzw. Palmetten mit jeweils vier kleinen Binden miteinander verknotet. Zwei weitere Binden, deren freie Enden volutenartig gebogen sind, hängen sich in den Zwischenräumen der einzelnen Elemente des Geschlinges an den Achten an, und durchziehen durch die Kelch- und Blütenblätter der Lotosblüten, umrahmen die Palmetten. Auf den Lotosblüten sind wieder durch zwei Doppellinien begrenzte Wellenmuster zu finden. In den Zwickeln auf den Palmet-ten kommen mit verdoppelten Linien gezeichnete Halbkreise vor. Auf einer seitlichen Palmette dient ein durch Halbkreise umrahmtes Wellenmuster als Palmettenkern, während dieselbe Stelle der symmetrischen Palmette leer gelassen ist.

Ein ähnliches Geschlinge wäre auch im zweiten Fries des Pharsalos-Dinos zwischen zwei Löwen (Abb. 10.13) zu erwarten. Hier fällt jedoch die gerade auf dem erhaltenen Teil zu erwartende seitliche Palmette aus. Merkwürdig sind ferner die stehenden Achten, die auf der Lotosblüte miteinander verbunden sind. Es ist anzunehmen, daß der Maler hier wahrscheinlich wegen der Knappheit des Raumes eine Abkürzung des Motivs vornehmen wollte, oder daß er aus dem Konzept gekommen ist. Auch die Spuren der Bindenteile, die nach dem Abwischen des noch nassen Malschlickers entstanden sind (Abb. 10), sprechen für ein nicht gelungenes Vorhaben.

Die Füllrosetten auf dem Erskine-Dinos befinden sich im dritten Fries des Kessels (Abb. 1.3), in dem vierten und fünften Fries des Ständers (Abb. 1–4). Sie sind große, wie eine Sonnenblume aussehende Rosetten mit großen Kernen. Die wellige Umrandung der äußeren Konturen ist nicht sorgfältig durchgeführt und die Trennungslinien treffen nicht immer die Zwickel zwischen den Blättern. Eine Reihe von ähnlich aussehenden Rosetten verzieren den Mündungsrand des Ausguß-Kessels aus Menidi[39], in dessen zweitem, für Tierfiguren reserviertem Fries auch eine Rosette mit einem als großem Kreis gezeichneten Kern zu finden ist (Abb. 17.20). Die erhaltene einzige Rosette des Pharsalos-Dinos (Abb. 14) hat eine ovale Form, deren Kontur nicht wellig umrandet ist. Dieses Gebilde ist als ein

---

38 Die Photos der Lotos-Palmetten-Kette auf dem Mün-dungsrand waren bei der Drucklegung dieser Arbeit noch nicht zugänglich. Hiesige Beschreibungen gehen auf die alten Sammelaufnahmen der Fragmente zurück.

39 P. Wolters, JdI 13, 1898, 25f., Fig. 3.4; ders., JdI 14, 1899, 126, Fig. 29.

Taf. 1.2

Taf. 3

Taf. 1

Taf. 6.7

Taf. 6

Taf. 1.2

Taf. 9.10

Taf. 7

versehentlich getropfter Firnisfleck anzunehmen, der erst nach dem Brand wahrgenommen und mit nachträglichen Ritzlinien in eine Rosette umgewandelt wurde[40].

MENSCHENFIGUREN

Das Handlungsbild des Erskine-Dinos (Abb. 1–4) hebt sich durch die reichlich angewandten roten *Taf. 1.2* Umrißzeichnungen und weiße Farbe von den Tierfriesen ab, in denen nur reine schwarzfigurige Technik herrscht. Die weiß bemalten Partien der Menschen, der Pferde und die Säulen des Hauses sind mit leuchtendem Rot konturiert und die Innendetails wieder mit Rot gezeichnet. Auch die Signatur des Malers und die Beischriften der Personen sind mit roter Farbe geschrieben. Die anderen signierten Gefäße des Malers weisen eine ähnliche Maltechnik in den Handlungsbildern auf. So sind ein Pferd auf dem erhaltenen Teil des Pharsalos-Dinos (Abb. 10), die Frauen, die Gewänder der Männer, einige *Taf. 6* Pferde, die Säule des Hauses auf den Fragmenten des Akropolis-Dinos (Abb. 5–9) und ein Pferd, der *Taf. 3–5* Fuß einer Frau auf dem Fragment des Ausguß-Kessels aus Menidi (Abb. 16) weiß bemalt und die *Taf. 8* Konturen sowie die Details mit roter Farbe gezeichnet. Mit demselben Rot wurden auch die Inschriften geschrieben bis auf den Ausguß-Kessel, der mit in schwarzem Firnis ausgeführten Inschriften eine Ausnahme bildet.

Die erhaltenen Menschenfiguren auf den Fragmenten des Dinos von der Athener Akropolis unterscheiden sich in einigen Punkten von denen des Erskine-Dinos. Die vergleichbaren Frauenfiguren auf dem letztgenannten Dinos (Abb. 1–4) sind schlanker. Sie haben in die Höhe gewachsene Köpfe mit *Taf. 1.2* stark fliehend wiedergegebenen Stirn- und Kinnpartien, so daß ihre Nasen außergewöhnlich spitz wirken. Die herabhängende Haarmasse, die in der Höhe des Ohres mit einer oder zwei Binden zusammengehalten ist, teilt sich in langen Locken auf, deren Enden in den Mänteln verschwinden. Ähnliche Haargestaltung haben auch die Männer auf dem Erskine-Dinos. Die erhaltenen Frauen mit gedrungenen Gestalten auf dem Akropolis-Dinos (Abb. 5–9) haben jedoch niedrige und breite Köpfe. *Taf. 3–5* Bei dem Übergang von der leicht gewölbten Stirn zum Nasenrücken ist sowohl bei den Frauen als auch bei den Männern die Nasenwurzel betont. Auch ihre Haarfrisur sieht anders aus. Die Haare der Frauen weisen keine Binden und Locken auf. Sie sind mit gewellten oder geraden Linien belebt und ihre Enden sind über den Mänteln deutlich zu sehen. Auch die Haartracht der Männer zeigt keine Locken. Auffallend ist die etagenweise gestaltete Frisur des Poseidon (Abb. 7). *Taf. 4*

Bei den Einzelheiten lassen sich die mengenweise und ganz flüchtig gezeichneten kleinen Zuschauer auf dem Pharsalos-Dinos (Abb. 10) mit den sorgfältigen und großen Figuren auf den vorhergehenden *Taf. 6* Dinoi nicht vergleichen. Herakles, der einzig erhaltene Mensch auf dem Ausguß-Kessel aus Menidi (Abb. 17.19), hat gedrungene Gestalt und wellig umrandetes konturiertes Kalottenhaar, mit dem der *Taf. 9.10* Maler sein typisches Kraushaar wiedergeben will.

Die Maltechnik, die Umrisse und Innendetails der weißen Partien mit Rot zu zeichnen, ist in der attischen Vasenmalerei eine Seltenheit. Da man ihr aber immer wieder auf den Gefäßen des Sophilos begegnet, darf diese Malweise im attischen Bereich als ein Merkmal des Sophilos angenommen werden[41]. Bei den Zuweisungen soll dieses Merkmal jedoch mit Vorbehalt, oder besser mit anderen

---

40 Ein ähnlicher, nachträglich in eine Rosette umgewandelter Firnisfleck ist auf dem Lebes Gamikos aus Smyrna zu finden (Abb. 80).

41 J. D. Beazley, The Development of Attic Black-Figure (1964), 19.

stilistischen Merkmalen des Malers zusammen herangezogen werden. Deswegen mit Vorbehalt, weil einige Fragmente, die ihrem Stil nach von Sophilos entfernt sind, solche roten Umrißzeichnungen aufweisen[42]. Die Frage, woher diese Malweise übernommen wurde, muß wegen der großen Fundlücken in den anderen gleichzeitigen Malereigattungen offen bleiben[43].

42 Einige rote Umrisse aufweisende Fragmente:
1. Fragment einer Komastenschale vom Kerameikos. Kerameikos-Museum.
   Komosdarstellung mit einem Mann und einer halbnack-
   DAI Athen, Neg.Nr. KER 8047.   [ten Frau.
2. Drei Fragmente (einer Loutrophoros?) vom Kerameikos. Kerameikos-Museum.
   Prothesis-Szene mit Frauen.
   DAI Athen, Neg.Nr. KER 8047, 9955.
3. Votivpinax aus dem Nymphenheiligtum am Südabhang der Akropolis. Akropolis-Museum.

Ein Prozessionszug mit zwei Frauen und einem Mann. Auch der Camtar-Maler hat die Inschriften auf seinen Gefäßen mit Rot geschrieben: D. von Bothmer, AntK 2, 1959, 5ff.; J. Boardman, Schwarzfigurige Vasen aus Athen (1974), 40.
43 Zur Verwendung der Rot-Umriß-Technik bei anderen Gattungen s. H. Payne, BSA 27, 1925/26, 125f.; J. D. Beazley, The Development of Attic Black-Figure (1964), 19; A. Rumpf, Gnomon 1953, 469; zu den Pinakes aus Pitsa s. jetzt EAA 6 (1965), 201ff., s. v. Pitsa (A. K. Orlandos).

Eigenhändige Werke des Sophilos

FRÜHE PHASE

Kat.Nr.:

A.8   Bauchamphora. Jena, Institut für Altertumswissenschaften der Universität, Inv.Nr.: 178.   *Taf. 11.12*

A.9   Bauchamphora. Paris, Musée du Louvre, Inv.Nr.: E 819.   *Taf. 13.14*

A.10   Bauchamphora. Athen, Nationalmuseum, Inv.Nr.: Akr. 757.   *Taf. 24*

A.15   Kolonettenkrater. Athen, Nationalmuseum, Inv.Nr.: 12587.   *Taf. 18–23*

A.19   Ausguß-Kessel. Ankara, Archäologisches Institut der Universität.   *Taf. 15–17*

Unter den Kleinfunden, die in Phokaia in einem Haus des frühen 6. Jhs. ausgegraben wurden[44], ragt ein fragmentierter Kessel durch seine Qualität und Form hervor; er wird zum ersten Mal hier veröffentlicht[45]. Obwohl mehr als die Hälfte des Gefäßes fehlt, sind die auf uns gekommenen Fragmente so erhalten, daß man die Gefäßform wieder herstellen kann (Fig. 8, Abb. 27.28). Die   *Taf. 15*

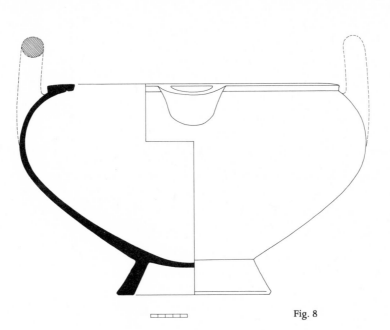

Fig. 8

A.19 Ankara

44 Zu den Ausgrabungen dieses Hauses s. E. Akurgal, Anatolia I, 1957, 4ff.

45 Für die Publikationserlaubnis bin ich Herrn E. Akurgal sehr zu Dank verpflichtet.

Taf. 85

verloren Henkel und der Ausguß sind nach den Gegenstücken dieser Form, von der jetzt zwei besser erhaltene Exemplare (Fig. 42, Abb. 179.180)[46] zur Verfügung stehen, zu ergänzen[47].

Der Kessel hat auf beiden Seiten je ein langes Bildfeld, dessen seitliche Begrenzungen durch jeweils zwei rote Vertikallinien betont sind. Unter den Bildfeldern folgt eine breite, auf beiden Seiten von zwei roten Streifen gesäumte Firniszone, darunter ein Strahlenkranz. Auf dem bis auf die Aufsetzkante gefirnißten Fuß sind zwei rote Streifen. Der breite, schwach gewölbte Mündungsrand ist mit Strahlen-muster verziert, die Außenkante des Mündungsrandes rot bemalt. Die Innenseite des Gefäßes ist schwarz gefirnißt.

Taf. 17

Im Bildfeld der Ausguß-Seite (A) sind zwei antithetisch hockende Sphingen dargestellt (Abb. 32, Fig. 10). Von der linken Sphinx sind Hinterteil, Schwanz, Bauchpartie und ein Teil des Flügels, von der rechten Hinterbein, Schwanz, und ein kleiner Teil der Ritzung der Vordertatze erhalten. Im Bildfeld der anderen Seite (B) stellt sich ein Löwe in Angriffsstellung einem mächtigen Eber gegenüber

Taf. 16.17

(Abb. 29–31, Fig. 9). Es fehlen dem Eber der Kopf, ein Hinterbein, dem Löwen der Schwanz, ein Teil der Flammenmähne, das Auge und eine Vordertatze. Zwischen beiden Tieren und über dem Löwen ist je eine Rosette angebracht. Es ist anzunehmen, daß auch zwischen den Sphingen irgendein Füllmotiv, vielleicht eine Rosette oder ein kleines Tier oder ein pflanzliches Gebilde, vorhanden war[48].

Taf. 16

Der Löwe des Kessels (Abb. 29.30, Fig. 9) weist reiche und betonte Detaillierung der einzelnen Körperteile auf. Der Kopf ist mehrfach unterteilt. Die vom Ohr herabhängende und leicht S-förmige Kragenmähne[49], die durch vom Ohr und von der Stirn kommende Doppelritzlinien eingerahmt und mit kurzen Haarzotteln verziert ist, trennt den Kopf vom Hals ab. In der mit einer Doppellinie begrenzten Maulpartie sind die einzelnen Haare durch kurze Ritzlinien wiedergegeben. Eine durchgehende Linie, die dem Brust- und Maulumriß folgt, trennt Oberkiefer und Nase vom Gesicht ab. Im Maul des Tieres ist nur ein Eckzahn wiedergegeben. Der Schopf über der Stirn ist durch Strichelung belebt. Die wie eine Kette angeordneten kurzen Haarzotteln der Halsmähne wirken wie an der Nackenlinie aufge-hängt[50]. Eine aus langen Strähnen bestehende und rot übermalte Flammenmähne[51] bedeckt die Brustpartie des Tieres. Die Rippen und die beim Schreiten entstandenen Hautfalten am Schenkel sind durch lange und S-förmig gezogene Ritzlinien dargestellt und die Zwischenräume von Linie zu Linie

---

46 Der Ausguß-Kessel aus Vari, Athen, Nationalmuseum 16385: J. D. Beazley, ABV 40 Nr. 19; S. Karousou, Angeia tou Anagyrountos I (1963), 34ff., 67, Abb. 61, Taf. 76–79; D. Callipolitis-Feytmans, Les Louteria Attiques (1965), 20 Nr. 13. Hier Kat.Nr. C.1, Fig. 42, Abb. 179–182.
Der Ausguß-Kessel aus Garitsa, Korfu-Museum, E 61.09: J. D. Beazley, Paralipomena 19; D. Callipolitis-Feytmans, a.O., 19ff., Nr. 12, Taf. 5–8. Hier Kat.Nr. C.2.

47 Der Restaurator des Ausguß-Kessels aus Phokaia hat jedoch die Henkel etwas dünn geformt und schräg ange-setzt. Auch der Ausguß ist verhältnismäßig klein gehalten. Vgl. hier Abb. 27.28 mit Fig. 8 und mit Abb. 179–182, Fig. 42.

48 Der Kessel aus Garitsa hat an dieser Stelle ein Lotos-Palmetten-Kreuz, D. Callipolitis-Feytmans, a.O., Taf. 6; der aus Vari einen Vogel, hier Abb. 179.

49 Die Wiedergabe der Kragenmähne der Löwen kommt erst in der Zeit des Chimära-Nessos-Malers (zum Maler jetzt J. D. Beazley, Paralipomena 1ff.) vor. Die späteren Löwen des Panthermalers und die Löwen des Kerameikosmalers,

des KX-Malers und des Sophilos haben immer Kragenmäh-nen. Bei den Löwen des Gorgomalers wird die Kragenmähne nicht wiedergegeben. Bei seinen Löwenbildern trennt eine vom Ohr kommende Doppellinie Kopf und Hals voneinan-der. Er lehnt sich bei diesem Detail an den Löwenmaler (I. Scheibler, Symmetrische Bildform [1960], Taf. 2) und den Maler des Fragments Inv.Nr.: 186 vom Kerameikos (K. Küb-ler, Kerameikos VI 2 [1970], 543, Abb. 66, Nr. 186) an. Zur Entwicklung der Kragenmähne in der attischen Vasenmale-rei: K. Kübler, a.O., 266ff.

50 Die früheren Beispiele: J. D. Beazley, ABV 2 (Bellero-phon-Maler), ABV 3 Nr. 2 (Chimäramaler), S. Karousou, Angeia tou Anagyrountos I (1963), Taf. 61 (Panthermaler). Etwa gleichzeitig: AM 62, 1937, Taf. 46 (KX-Maler), Beazley, ABV 25 Nr. 19 (KX-Maler).

51 Die Flammenmähne kommt erst bei den Löwen des Gorgomalers vor. Es ist wahrscheinlich, daß er die Wieder-gabe der Flammenmähne eingeführt hat. vgl. K. Kübler, a.O., 272.

16

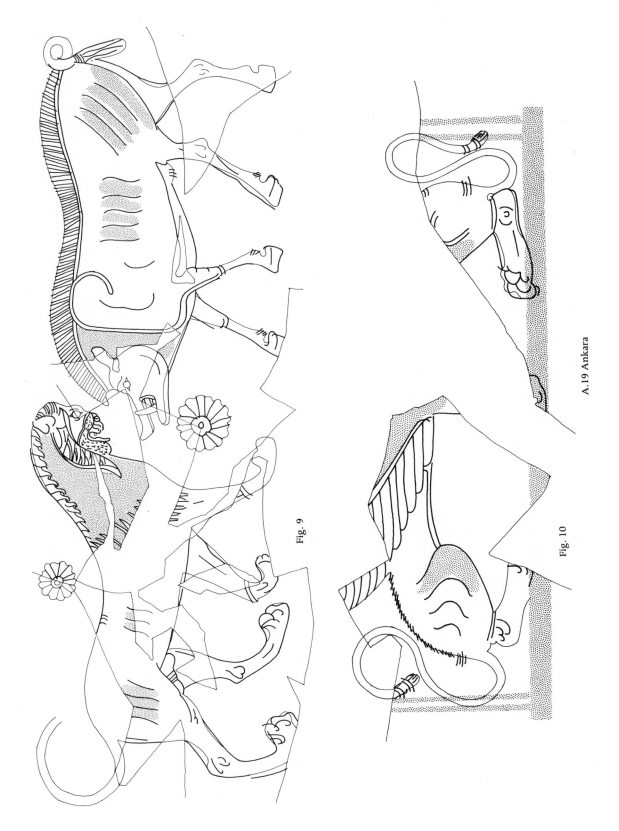

Fig. 9

Fig. 10

A.19 Ankara

17

rot übermalt. Die Wiedergabe der Krallen besteht aus ohne Ordnung nebeneinander und übereinander gezeichneten Bögen.

Taf. 17 Die Stilisierung der erhaltenen Krallen der Sphingen ist identisch mit der von denen des Löwen (Abb. 32, Fig. 10). Die Hautfalten, die durch die Sitzhaltung auf dem Schenkel entstanden sind, wurden verschieden gezeichnet. Bei der linken Sphinx wurden sie durch drei einzelne bogenförmige Linien[52], bei der rechten durch eine Doppellinie wiedergegeben. Das letztere ist ein charakteristischer Zug des Sophilos. Eine Doppellinie trennt den Schenkel vom Bein, dessen Gelenk mit kleinen Halbkreisen betont ist. Die Schwanzquasten sehen wie ein mit Bändern umwickelter Pinsel aus. Die Ansatzstellen der Schwänze sind durch drei bis vier Striche detailliert. Die Rückenkontur der linken Sphinx ist der ganzen Länge nach gestrichelt. Bei allen Tieren des Kessels sind fast die ganzen Konturen der Firnissilhouetten durch durchgehende Ritzlinien verstärkt.

Zahlreiche Einzelzüge der Tiere, die sich im folgenden klar herausstellen werden, ermöglichen es, dieses Gefäß dem Sophilos zuzuschreiben.

An den Kessel aus Phokaia schließen sich einige Gefäße des Malers besonders eng an. Eins davon ist die vollständig erhaltene Bauchamphora im Institut der Altertumswissenschaften der Universität Jena, Taf. 11.12 Inv.Nr.: 178 (Abb. 21.22)[53]. Bei mehreren Zügen, besonders denen des Kopfes, stimmen die Löwen der Amphora mit denen des Kessels aus Phokaia überein. Ein neues Detail ist die scharfe Abgrenzung des Schulterblattes, das nach dem Weglassen der Flammenmähne sichtbar geworden ist. Die bogenförmige verdoppelte Ritzlinie, die den Umriß des Schulterblattes wiedergibt, setzt sich nach unten fort, trennt die beiden Vorderbeine voneinander, folgt der vorderen Kontur des Beines und endet hinten am Knöchel, nachdem sie die Tatze gegenüber dem Bein abgegrenzt hat. Das in dieser Weise gezeichnete Schulterblatt ist keine Erfindung des Sophilos[54]. ›Sophileisch‹ ist jedoch dabei der kleine Doppelbogen auf dem Schulterblatt. Die Details des Hinterbeines und des Schenkels haben wir schon bei den Sphingen auf dem Gefäß aus Phokaia kennengelernt.

Daß die Löwen der beiden Gefäße in einigen Einzelheiten, z. B. in der Zeichnung des Ohres, der Kragen- und Halsmähne, voneinander abweichen, beeinflußt die Zuweisung nicht. Denn solche Detailunterschiede kommen auch bei anderen Tieren ein und desselben Gefäßes vor, was z. B. bei den Löwen der Amphora der Fall ist. Auch bei den signierten Gefäßen des Malers wurden oben solche Abweichungen festgestellt. Ein Vergleich der Wiedergabe der Kragenmähne, des Schwanzes und des Schopfes der beiden Löwen dieser Amphora zeigt, daß der Maler keinen Wert darauf legt, die Details peinlich genau zu wiederholen.

Taf. 12 Die Sirenen auf der anderen Seite der Amphora in Jena (Abb. 22) rufen die Bauchamphoren E 819 im Taf. 13.14 Louvre (Abb. 23–26)[55] in Erinnerung. Auf beiden Amphoren haben die Sirenen gemeinsame Züge, die sie eng miteinander verbinden. Auffallend ist der schwere Aufbau des Körpers. Da gilt auch für die Sphingen der Amphora im Louvre. Bei den Sirenen und Sphingen kennt der Maler in dieser Entwicklungsstufe keine Lösung für den Übergang zwischen Hals und Brust. Eine kräftige Ritzlinie, die der mächtigen Brust folgt, trennt den Hals vom Körper scharf ab. Nächste Verwandtschaft zeigt sich

---

52 Die Sphingen auf dem Krater A aus Vari (Athen, Nationalmuseum 16382) haben in dieser Weise wiedergegebene Hautfalten: S. Karousou, a.O., Taf. B.

53 J. D. Beazley, ABV 39 Nr. 7.

54 Die Begrenzung des Schulterblattes durch eine bogenförmige Doppellinie kommt zuerst bei den Löwen des Löwenmalers (I. Scheibler, Symmetrische Bildform [1960], Taf. 2) und den Chimären des Bellerophonmalers (K. Kübler, Altattische Malerei [1950], 80, Abb. 85) vor. Es ist möglich,

daß der Bellerophon- und der Löwenmaler eine und dieselbe Persönlichkeit sind. Anders K. Kübler, Kerameikos VI 2 (1970), 323f. Man vergleiche jedoch die oben genannten Amphoren und die anderen Werke beider Maler (J. D. Beazley, ABV 2; ders., Paralipomena 1). Es gibt weitere Amphoren aus Vari, die diesem Maler nahe stehen und bis jetzt nicht publiziert sind.

55 J. D. Beazley, ABV 38 Nr. 5.

besonders bei den Köpfen. Die Haarmasse auf der flachen Kalotte ist ziemlich niedrig gehalten. Das Stirnhaar sowie die herabhängenden Haare, die in der Höhe des Ohres mit einem Band zusammengehalten sind, zeigen unterschiedliche Frisur. Die rechten Sirenen der beiden Amphoren haben jedoch gleiche Haargestaltung. Das Haar wird unten breiter und trennt sich in Höhe des Halsbandes in drei dicke Strähnen, die mit leicht gewellten Ritzlinien konturiert sind. Bei der linken Sirene der Amphora in Jena (Abb. 22) und bei der rechten Sphinx der Amphora im Louvre (Abb. 23) löst sich das Haar *Taf. 12.13* gleich in der Höhe des Ohres in langen und schmalen Strähnen auf[56]. Die aus zwei Strähnen bestehende Haarfrisur der rechten Sphinx der Amphora im Louvre, deren Spirallocken auf der Stirn von einem Band gehalten werden, ist eine altertümliche Haargestaltung[57]. Das Haar der linken Sphinx weicht mit Melonenfrisur und dem in sechs Strähnen herabhängenden Haar von der anderen völlig ab. Die dreiviertelkreisförmigen Schwänze, die mit rot übermalten und mit Mäander oder Zickzacklinien gefüllten Vertikalbändern verziert sind, weisen nahe Verwandtschaft zu den Sirenen der Amphora in Jena auf. Die Sphingen und Sirenen der beiden Amphoren tragen Halsbänder[58]. Die kleinen Ritzlinien, die den Mund bilden, biegen sich nach unten, um den Mundwinkel zu betonen.

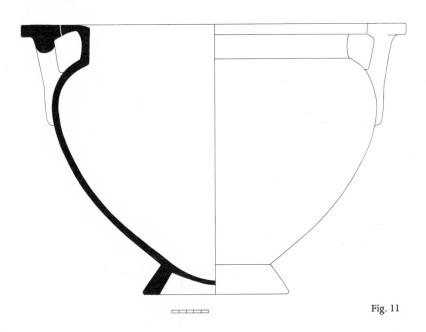

Fig. 11

A.15 Athen

---

56 Auch das herabhängende Haar der früheren Sphingen des KX-Malers ist in dieser Weise wiedergegeben, AM 62, 1937, Taf. 56.

57 Der Maler lehnt sich wohl an frühere Vorbilder an, bei denen zwei auf die Schulter und auf die Brust fallende Strähnen gezeichnet sind: J. D. Beazley, ABV 1 Nr. 1 (Der Maler von Berlin A 34), S. Karousou, Angeia tou Anagyrountos I (1963), Taf. 23f. (Nessos-Maler).

58 Die Sphingen und Sirenen des Nessosmalers und des Panthermalers (S. Karousou, a.O. Taf. 5.63.66ff.) tragen solche Bänder, die jedoch auf der Brust angebracht sind. Die Sirenen und Sphingen des Gorgomalers und des KX-Malers haben keine Halsbänder. Dagegen tragen die Sirenen auf der Lekythos des Deianeira-Typs in Heidelberg (H. Gropengiesser, AA 1977, 582ff., Abb. 1.9.28) und die auf den Fragmenten von der Athener Akropolis (hier Kat.Nr. C.7, Abb. 186), die stilistische Verwandtschaft aufweisen, Halsbänder.

19

Unter den uns erhaltenen Werken des Sophilos treten zwei Gefäße hervor, die stilistisch eng miteinander verbunden sind, und mit ihren Tierdarstellungen den Übergang von den vorherigen Gefäßen zu der nächsten Phase bilden. Es sind der Kolonettenkrater Inv.Nr. 12587 (Abb. 33–44, Fig. 11–16)[59] und die fragmentierte Bauchamphora Inv.Nr. Akr. 757 von der Akropolis zu Athen (Abb. 45)[60], beide in Athener Nationalmuseum.

Im Bildfeld der Rückseite des Kolonettenkraters (Abb. 34–37, 39, Fig. 12.13), deren Darstellungen der für das Handlungsbild reservierten Vorderseite untergeordnet sind, befinden sich zwei antithetisch hockende und rückwärts blickende Löwen, die von zwei hockenden Sphingen flankiert sind. Die Löwen des Kraters stehen noch auf der Stufe der Löwen der Bauchamphora in Jena (Abb. 21). Die Sphingen entfernen sich jedoch von den Sphingen der Bauchamphora im Louvre (Abb. 23.25) und nähern sich eher der nächsten Entwicklungsstufe des Malers, die durch die Sirenen der Halsamphora in Florenz (Abb. 46.47)[61] und Sphingen der Dreifußpyxis in Boston (Abb. 49)[62] vertreten sind. Wenn man die Sphingen des Kraters mit denen der vorherigen Gefäße vergleicht, so sehen das an eine Baskenmütze erinnernde Haar auf der Kalotte und die Zeichnung der drei langen herabhängenden Locken der Sphingen auf dem Krater anders aus als die entsprechenden Stellen bei den Sphingen auf der Bauchamphora im Louvre (Abb. 25) und den Sirenen der Amphora in Jena (Abb. 22). Diese Merkmale der Sphingen bringen uns der Halsamphora in Florenz (Abb. 46.47) näher. Die Brustpartie der Sphingen des Kraters, die nicht so voluminös wie die der Sphingen der Bauchamphora im Louvre gezeichnet ist, läßt sich eher mit der der Sphingen auf der Pyxis in Boston (Abb. 49) vergleichen. Nach den Tierfiguren, die einerseits die Kennzeichen der ersten Gruppe aufweisen, andererseits aber bereits die Elemente der nächsten Entwicklungsstufe des Malers andeuten, spielt der Kolonettenkrater eine verbindende Rolle zwischen der frühen Phase und der mittleren Phase.

Die im Bildfeld der Vorderseite befindlichen Darstellungen dieses Gefäßes (Abb. 33) zeigen uns die Menschenfiguren in dieser Schaffensperiode des Malers. Auf dieser Seite ist der Kampf zwischen Herakles und Nereus dargestellt. Die Gruppe wird von Zuschauern flankiert[63]. Herakles reitet auf Nereus zu und bezwingt ihn, indem er eine Hand an seinen Hals preßt. Währenddessen paßt er auf die Schlange auf, die aus dem Fischleib des wandlungsfähigen Nereus herauswächst (Abb. 33, Fig. 14). Vor der Gruppe steht Hermes mit vorgestreckter linker Hand. In seiner Rechten hält er das Kerykeion (Abb. 33.40, Fig. 16). Hinter der Gruppe stehen zwei Zuschauer mit Lanzen (Abb. 33.43.44, Fig. 15). Nereus, der in seiner rechten Hand noch eine Schlange hält, streckt seine Linke zu Hermes vor. Er trägt einen Chiton, der die Übergangsstelle zwischen Menschenleib und Fischgestalt bedeckt. Herakles hat einen kurzen, sein Glied freilassenden Chiton an. Ferner trägt er Schwert und Köcher. Die Zuschauer und Hermes sind mit langem Chiton und darüber mit Mänteln bekleidet, die an den Schultern einen breiten Bogen bilden. Alle Figuren haben ihre eigene Frisur. Die Melonenfrisur des Herakles (Abb. 41, Fig. 14) ist uns schon bei dem Haupthaar der Sphinx auf der Amphora im Louvre (Abb. 25) begegnet. Das aus stufenweise übereinander gereihten Etagen bestehende Haupt- und Schulterhaar des Nereus ist, ohne mit einer Binde voneinander getrennt zu werden, als ein Stück gezeichnet (Abb. 42, Fig. 14). Das auf die Schulter fallende Haar des Hermes (Abb. 40, Fig. 16) und des ersten Zuschauers (Abb. 44, Fig. 15) sind ebenfalls mit etagenweise übereinander gereihten Fächern wiedergegeben. Wie das Haar ist auch die Ohrenzeichnung der Figuren unterschiedlich. Die zwei Zuschauer haben nierenförmige

Taf. 18–23
Taf. 24

Taf. 18–21

Taf. 11

Taf. 13.14

Taf. 25.27

Taf. 14.12

Taf. 25

Taf. 27

Taf. 18

Taf. 18.21.23

Taf. 22
Taf. 14

Taf. 22

Taf. 21

59   J. D. Beazley, ABV 40 Nr. 24.
60   J. D. Beazley, ABV 39 Nr. 10.
61   J. D. Beazley, ABV 38 Nr. 3.
62   J. D. Beazley, ABV 41 Nr. 27.
63   Zu den frühschwarzfigurigen Gefäßen mit demselben Thema s. J. Boardman, BICS 5, 1958, 7ff., Auch auf den zwei

Fragmenten aus Naukratis scheint der Kampf zwischen Herakles und Nereus dargestellt zu sein (JHS 49, 1929, Taf. 15 Nr. 4.5 und Taf. 18 Nr. 22). Ein als Teil einer großen Lotosblüte bezeichnetes Gebilde (JHS 49, 1929, 256 Nr. 13) stammt wohl vom Fischschwanz des Nereus.

Fig. 12

Fig. 13

A.15 Athen

21

Fig. 14

Fig. 15

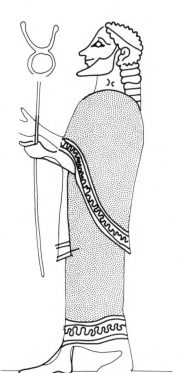

Fig. 16

A.15 Athen

22

kleine Ohren, die auch die Sphingen dieses Gefäßes (Abb. 37–39, Fig. 13) aufweisen. Die Ohren des *Taf. 20.21*
Hermes und des Nereus, deren Ohrmuschel und Ohrläppchen deutlich getrennt behandelt sind, sind
fast gleich gezeichnet und weichen von den anderen ab.

Die fragmentierte Bauchamphora von der Athener Akropolis (Abb. 45)[64] rechnen wir zu der Stufe des *Taf. 24*
Kolonettenkraters. Entscheidend dafür ist die Hermesfigur der beiden Gefäße. Wie es unten bei den
Menschenfiguren anderer Gefäße klarer hervortritt, ist das wie eine Etagenperücke stilisierte Haar der
beiden Figuren ein charakteristischer Zug des Sophilos in seiner Frühzeit, der, abgesehen von einem
Fragment vom Kerameikos (Kat.Nr. B.21, Abb. 163) und dem Poseidon auf dem Akropolis-Dinos *Taf. 81*
(Abb. 7), bei den anderen Menschendarstellungen des Malers nicht mehr vorkommt. In beiden *Taf. 4*
Bildfeldern dieser Amphora ist praktisch dasselbe Thema dargestellt, und zwar ein auf einem pflanzlichen Ornament, wohl einem Lotos-Palmetten-Kreuz, stehender Hermes zwischen Sirenen bzw.
hockenden rückwärtsschauenden Löwen[65].

Es sei hier auf eine Einzelheit hingewiesen, nämlich, daß im Handlungsbild des Kolonettenkraters
merkwürdigerweise die weiße Farbe, die roten Umrisse und die Beschriftung der Personen, die sonst
bei den Handlungsbildern des Sophilos immer wieder vorhanden sind, nicht vorkommen. Mindestens
wäre die weiße Farbe auf dem Haare des Nereus als ein Zeichen seines Greisenalters zu erwarten, wie
wir es bei dem Haar und Bart des Nereus auf einem Hydria-Fragment im Maidstone-Museum (Kat.Nr. *Taf. 64*
A.36; Abb. 126) finden, das wieder den Kampf zwischen Herakles und Nereus darstellt und von
Sophilos selbst bemalt zu sein scheint[66]. Auch bei dem Seher auf einem Fragment von der Agora
(Kat.Nr. B.19; Abb. 171), das vielleicht von einem Gefäß des Sophilos stammt[67], sind Haar und Bart *Taf. 83*
weiß und mit roten Konturen und Details versehen. Wenn man das Fehlen des Weiß und der roten
Konturen im Handlungsbild dieses Gefäßes als zeitliches Kriterium annimmt, so wird ein Anhalts-
punkt gewonnen, daß die reiche Anwendung der weißen Farbe und der roten Konturen erst bei den
Handlungsbildern der Gefäße vorkommen, die nach den Eigenschaften ihrer Tierfiguren später als der
Kolonettenkrater in Athen anzusetzen sind.

MITTLERE PHASE

---

64 B. Graef – E. Langlotz, Die antiken Vasen von der
Akropolis zu Athen I (1925), Taf. 48. Diese Fragmente waren
mir nicht zugänglich. Die hiesige Abb. 45 ist nach den
Sammelaufnahmen des DAI. Athen (Neg.Nr.: Akr.Vasen
421.463.464) zusammengestellt.
65 Zu diesem Motiv s. R. Hampe. Ein frühattischer Grab-
fund (1960), 65f., Abb. 43.

66 BICS 5, 1958, 7ff., Taf. 2,1. Neben der Rotumriß-
Technik lassen ferner die Tatzenzeichnung eines Löwen
oder eines Panthers und die Hand des Nereus die Handschrift des Sophilos auf diesem Fragment feststellen. Vgl. die
Hand des Satyrs auf der Lindos-Scherbe, hier Abb. 66, und
die des Nereus auf dem Kolonettenkrater in Athen, hier
Abb. 33, Fig. 14.
67 J. D. Beazley, ABV 43 Nr. 4.

Taf. 38	A.24	Pinax. Athen, Sammlung Vlastos.
Taf. 34	A.25	Pinax. Athen, Sammlung Vlastos.
	A.33	Drei Fragmente. Aegina, Museum, Inv.Nr.: 2801, 2802, 2803.
Taf. 35	A.35	Fragment. Istanbul, Arkeoloji Müzeleri, Inv.Nr.: 4514.

Taf. 25 Die Löwen am Hals der fragmentierten Amphora in Florenz (Kat.Nr. A.11)[68] führen einen neuen Typ ein, der in einigen Details von den bisher betrachteten Löwenbildern des Malers abweicht und eine spürbare Vereinfachung der Innenzeichnungen aufweist. Ein Vergleich der Löwen dieser Amphora mit denen der vorhergehenden Gefäße läßt erkennen, daß die auffallende Detailabweichung sich besonders bei der Zeichnung der Köpfe offenbart. Den Köpfen der Löwen auf der Amphora in Florenz fehlen einige Details. Die die Maulpartie der früheren Löwen begrenzende Doppellinie verschwindet wie auch die Wiedergabe der einzelnen Haare durch kurze Striche um das Maul herum. Bei den Löwen der Amphora läuft als einziges Detail der Maulpartie eine Ritzlinie dicht am Firnisumriß des Mauls entlang von der Nase bis zur Kragenmähne. Auch die Proportionen des Körperbaues der Löwen wie bei den Löwenbildern der anderen Gefäße dieser Phase deuten auf die stilistische Entfernung von den Löwen der vorherigen Gruppe hin. Auch die Sirenen betonen diese Entfernung. Sie lassen sich eher
Taf. 20.21 mit den Sphingen des etwas späteren Kolonettenkraters in Athen (Kat.Nr. A.15; Fig. 13, Abb. 37–40)
Taf. 12 vergleichen als mit den Sirenen der Bauchamphora in Jena (Kat.Nr. A.8; Abb. 22) und im Louvre
Taf. 13.14 (Kat.Nr. A.9; Abb. 24–26).

Abgesehen von den Eigenschaften der Tiere auf der Amphora in Florenz, die von denen der ersten Phase abweichen und die nächste Stilphase des Malers kennzeichnen, sind bei den Zeichnungen eine Vereinfachung der Details und ein Rückgang an Qualität zu spüren. Dieser beschränkt sich jedoch nicht nur auf dieses Gefäß, sondern tritt als ein Charakteristikum der Tierdarstellungen auf den
Taf. 26–29 anderen Gefäßen dieser Phase des Malers hervor. Die Tiere auf der Dreifußpyxis in Boston (Kat.Nr.
Taf. 9.10 A.22; Abb. 48–51)[69], dem Ausguß-Kessel aus Menidi in Athen (Kat.Nr. A.20; Abb. 17.18.20. Fig. 7)[70]
Taf. 34 und den wohl von einem ähnlichen Gefäß stammenden Fragmenten im Aegina-Museum (Kat.Nr. A.33; Abb. 60–62)[71] bilden mit denen der Amphora in Florenz eine enge stilistische Einheit.

Die Löwen am Hals der Amphora in Florenz[72] begegnen uns fast genau gezeichnet auf einem Fuß der
Taf. 26 Pyxis in Boston (Abb. 48). Die nahe Verwandtschaft ist so eindeutig, daß weitere Erörterung sich erübrigt[73]. Ein Löwenkopf auf einem Fragment des nur in Bruchstücken erhaltenen Gefäßes im
Taf. 34 Aegina-Museum (Abb. 60) stimmt mit den Köpfen der Löwen auf der Florentiner Amphora und der Pyxis in Boston überein. Die Sirene auf einem anderen Fragment (Abb. 61) des Gefäßes in Aegina
Taf. 28 gesellt sich zu den Sirenen der Dreifußpyxis (Abb. 50). Die Fragmente in Aegina wurden von Shefton irrtümlich als einer Amphora zugehörig bezeichnet[74]. Von den in Beazleys Werk aufgezählten fünf Fragmenten gehören drei bzw. vier zu einem Gefäß des Sophilos, das jedoch nicht eine Amphora sein kann[75]. Die breiten Firnisstreifen auf den Innenseiten der Fragmente deuten mehrfach auf ein offenes Gefäß wie einen Kotylenkrater oder einen Lebes Gamikos hin. Das fünfte Fragment (Kat.Nr. C.5,

68 L. Banti, Bd'A 36, 1951, 101ff., Abb. 7–12; J. D. Beazley, ABV 38 Nr. 3.

69 A. Fairbanks, Catalogue of Greek and Etruscan Vases (1928), 196 Nr. 560, Taf. 68; S. Karousou, AM 62, 1937, 118, 134 Nr. 40, Taf. 63; J. D. Beazley, ABV 41 Nr. 27.

70 J. D. Beazley, ABV 40 Nr. 21 und 42 Nr. 36; P. Wolters, JdI 13, 1898, 13ff., Taf. 1; D. Calliopitis-Feytmans, Les Louteria Attiques (1965), 51ff., Abb. 13, Taf. 14; J. D.

Beazley, Paralipomena 18.

71 J. D. Beazley, ABV 41 Nr. 35.

72 L. Banti, Bd'A 36, 1951, 102 Abb. 10.

73 vgl. auch L. Banti, Bd'A 36, 1951, 101.

74 J. D. Beazley, ABV 41 Nr. 35.

75 Das dritte Fragment von Beazley (ABV 41 Nr. 35), mit einem Panther und einem Eber, konnte ich im Museum von Aegina nicht finden.

Abb. 185)[76], auf dem Reste einer Lotos-Palmetten-Kette und darunter eine Reihe von Punkten erhalten *Taf. 87*
sind, stammt von der Schulter eines anderen Gefäßes, das eine Loutrophoros oder ein ähnliches Gefäß
sein kann, das aber nicht von Sophilos bemalt ist[77].

Auch der fragmentierte Ausguß-Kessel aus Menidi (Abb. 15–20; Fig. 6.7)[78], dessen erhaltener Löwe *Taf. 8–10*
(Abb. 17, Fig. 7) mit seinem Körperbau und seinen Proportionen den Löwen der Bauchamphora in
Florenz und der Pyxis in Boston nahe steht, darf zu dieser Gruppe gerechnet werden. Mit dem
Ausguß-Kessel aus Menidi gelangen wir zur ersten Signatur des Sophilos. Wenn man mit der
stilistischen Verwandtschaft der bis jetzt betrachteten Gefäße einverstanden ist und sie einem Maler
zuschreibt, wissen wir jetzt mit Hilfe vom signierten Ausguß-Kessel aus Menidi, daß er Sophilos heißt.
Die Brüder der erhaltenen Panther mit wellig umrandeten Gesichtskonturen auf dem Gefäß aus Menidi
(Abb. 17.18.20, Fig. 7) sind am Hals der Amphora aus Marathon (Kat.Nr. A.12; Abb. 52–59)[79] *Taf. 30–33*
wiederzufinden. Nicht nur die Panther, sondern auch die Löwenfiguren auf der Marathon-Amphora
lassen erkennen, daß dieses Gefäß mit dem Ausguß-Kessel aus Menidi, der Dreifußpyxis in Boston
und der Amphora in Florenz zusammen betrachtet werden darf. Die Löwen, die auf der Schulter und
am Hals der Amphora aus Marathon jeweils ein Lotos-Palmetten-Kreuz flankieren, sind Wiederholun-
gen der Löwen auf der Florentiner Amphora und der Pyxis in Boston. Einige Details auf der Amphora
aus Marathon wirken für diese Gruppe altertümlicher und führen uns zurück zu der frühen Phase.
Eines davon sind die Gesichtszüge des Löwen, der sich im Bauchfries hinter der Potnia Theron
befindet. Bei diesem Löwen sind die Begrenzung der Maulpartie und die Wiedergabe der Haare um das
Maul zu finden, die eigentlich, wie wir bei den Löwen der Amphora in Jena (Abb. 21) und dem des *Taf. 11*
Ausguß-Kessels aus Phokaia (Abb. 29, Fig. 9) oder bei denen des Kolonettenkraters in Athen gesehen *Taf. 16*
haben, für die Löwen der frühen Phase typisch sind. Ferner gesellen sich jeweils eine Sphinx (Abb. 53) *Taf. 30*
und eine Sirene (Abb. 59) am Hals der Amphora aus Marathon mit ihrer Melonenfrisur zu einer Sphinx *Taf. 33*
auf der Amphora im Louvre (Abb. 25). Auch die Hermesfigur zwischen Sphingen (Abb. 53) ist mit *Taf. 14*
einem Zuschauer auf dem Krater in Athen (Abb. 43, Fig. 15) identisch. Nach diesen Eigenschaften ist *Taf. 23*
die Halsamphora aus Marathon wohl das früheste Stück der mittleren Phase. Dieses Gefäß weist die
Merkmale der mittleren Phase gemischt mit denen der frühen Phase auf und spielt eine verbindende
Rolle zwischen diesen Stilphasen des Malers.

Wenn man die oben erwähnten Gefäße der mittleren Phase im Gesamtwerk des Sophilos als eine
isolierte Gruppe betrachtet, so können sie, was ihre Tierdarstellungen betrifft, die den Tieren der
vorherigen Phase gegenüber eine eindeutige Detailvereinfachung und Flüchtigkeit verraten, nicht als
reife Werke des Malers angesprochen werden. Durch diese Gefäße gelangen wir jedoch zu anderen
Werken des Sophilos, die zeigen, daß der Maler in dieser Phase hauptsächlich auf das Handlungsbild
Wert legt und die Tierdarstellungen für ihn ein untergeordnetes Dekorationselement werden. Diese
Schaffensperiode des Sophilos entspricht jener Phase der attischen Vasenmalerei, in der der Tierfriesstil seinen Höhepunkt schon hinter sich hat und zu stagnieren beginnt. In dieser Zeit hat unser Maler
neben der immer noch beherrschenden Tierfriesmalerei mit seinen mehrfigurigen und farbigen
erzählenden Darstellungen, die sich jetzt häufen, für eine neue Stilrichtung den Anstoß gegeben, die
dann den allgemeinen Zeitstil der nächsten Generation bildet.

Die Menschenfiguren, die auf dem Kolonettenkrater in Athen (Abb. 40–44, Fig. 14–16) und der *Taf. 21–23*
fragmentierten Amphora in Athen (Abb. 45) zu sehen waren, kehren auf der Halsamphora in Florenz *Taf. 24.25*

---

76   J. D. Beazley, ABV 41 Nr. 35.
77   Ein Vergleich mit den Lotos-Palmetten-Ketten des Sophilos zeigt ganz eindeutig, daß die Lotos-Palmetten-Kette
auf diesem Fragment mit unserem Maler nichts zu tun hat.
vgl. Abb. 1.5.21.

78   J. D. Beazley, ABV 40 Nr. 21 und 42 Nr. 36. vgl. auch
D. Calliopitis-Feytmans, Les Louteria Attiques (1965), 51ff.,
Abb. 13, Taf. 15; J. D. Beazley, Paralipomena 18.
79   S. Karousou, AM 62, 1937, 134 Nr. 35, Taf. 61.62; J. D.
Beazley, ABV 38 Nr. 2.

Fig. 17

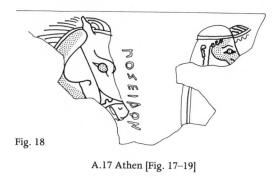

Fig. 18

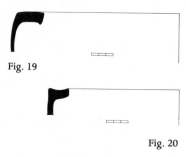

Fig. 19

Fig. 20

A.17 Athen [Fig. 17–19]   A.18 Athen [Fig. 20]

(Abb. 46)[80] wieder. Ein Bildelement der Menschen des Kraters wird jedoch bei den Figuren der Halsamphora aufgegeben. Das ist die herabhängende Haarmasse, die aus den stufenweise übereinander gereihten Etagen besteht. Da diese Haarstilisierung nur auf den beiden oben genannten zwei Gefäßen und auf dem Fragment vom Kerameikos, die der frühen Phase angehören, vorkommt, aber nicht mehr bei den Menschendarstellungen der anderen Gefäße, die wir anhand der Tierfiguren etwas jünger ansetzen, möchten wir sie als einen charakteristischen Zug des Sophilos in seiner Frühzeit annehmen. Der Kopf des Hermes, der auf der Schulter der Amphora in Florenz zwischen zwei Sphingen einem *Taf. 35.36* Mann gegenübersteht[81], ruft den Kotylenkrater von der Akropolis zu Athen (Kat.Nr. A.17; Abb. 64.65.67.68, Fig. 17–19)[82] in Erinnerung. Von diesem Gefäß sind uns zwei Fragmente erhalten. Beazley hat sie als Fragmente von zwei ähnlichen Gefäßen angenommen[83]. Aber das Profil beider Stücke (Fig. 19), die miteinander genau übereinstimmen, die Verdünnung der Wandung, die Breite des Mündungsrandes und der sich verjüngende tongrundige Streifen auf der Innenseite der beiden Fragmente deuten darauf, daß sie von ein und demselben Gefäß stammen. Auch die Beschaffenheit des Tones, des Firnisses und der mit schwarzem Firnis geschriebenen Beischriften der beiden Fragmente bekräftigen die Zusammengehörigkeit. Dieses Gefäß ist ein Kotylenkrater, eine alte attische Gefäßform, die in der Zeit des Sophilos ausstirbt und an deren Stelle die Dinoi mit gedrechselten Ständern treten[84].

80   Bd'A 36, 1951, 101 Fig. 9.
81   Bd'A 36, 1951, 101 Fig. 9.
82   B. Graef – E. Langlotz, Die antiken Vasen von der Akropolis zu Athen I (1925), 63 Nr. 585 a–b, Abbildung auf S. 63; J. D. Beazley, ABV 40 Nr. 17 und 18.
83   J. D. Beazley, ABV 40 Nr. 17 und 18.

84   Zur Formentwicklung des Kotylenkraters siehe K. Kübler, Kerameikos VI 2 (1970), 156ff. Die Endphase der Entwicklung dieser Form wird durch die Kotylenkratere des Gorgomalers (J. D. Beazley, ABV 8 Nr. 3; I. Scheibler, JdI 76, 1961, 19 Nr. 7) und des Sophilos (Kat.Nr. A.17, A.18) vertreten.

An der rechten Kante des ersten Fragments (Abb. 64), wo die Wandung nach außen dicker wird, sind *Taf. 35* ein Firnisfleck und Fingerabdrücke zu sehen. Diese rühren von der Ansatzstelle eines Henkels her, der, wie die anderen Beispiele dieser Gefäßform zeigen, ein Bandhenkel gewesen sein muß[85]. Mit der Henkelansatzstelle gewinnen wir auch die rechte Begrenzung des Handlungsbildes wieder, das wahrscheinlich nur auf einer Seite des Gefäßes Raum gehabt hatte, während die Rückseite entweder leer oder mit einem einfachen Muster verziert war[86]. Auf diesem Fragment (Abb. 64.67.68, Fig. 17) sind *Taf. 35.36* ein bärtiger Mann mit Zepter, von dessen Spitze zwei mit verdünntem Firnis gezeichnete Streifen herabhängen, und vor ihm zwei nebeneinander stehende Frauen dargestellt. Die Beischrift, die mit schwarzem Firnis geschrieben ist und Pandrosos lautet, bezieht sich auf eine der Frauen und hilft dem Mann mit Zepter als König Kekrops zu identifizieren[87]. In diesem Fall dürfte die zweite Frau Aglauros oder Herse, die andere Tochter des Kekrops, oder seine Frau sein. Von dem Hermes, der unmittelbar vor den Frauen stand, sind nur Reste des Kerykeion erhalten. Auf dem rechten Teil des zweiten Fragmentes (Abb. 65, Fig. 18) befinden sich ein Mann und eine Frau, die nebeneinander und *Taf. 35* wahrscheinlich auf einem Gespann stehen. Hinter dieser Gruppe ist ein Pferdekopf und vor ihm die wiederum mit schwarzem Firnis geschriebene Beischrift Poseidon erhalten. Das Fehlen des zweiten Pferdes, dessen Kopf auf der Fläche hinter dem erhaltenen Pferdekopf wenigstens teilweise zu sehen sein müßte[88], zeigt, daß hier ein einzelnes Pferd zu erwarten ist. Es ist schwer zu entscheiden, worauf sich die Beischrift Poseidon bezieht. Nach ihrer unmittelbaren Nähe zu dem Pferdekopf könnte angenommen werden, daß sie sich auf eine Figur bezieht, die entweder reitet oder neben dem Pferd steht. Falls diese Vermutung akzeptiert wird, so bleibt die Frage offen, wen der Mann und die Frau vor dem Pferd darstellen. Der Erhaltungszustand erlaubt jedoch keine genaue Deutung der Szene. Die Anwesenheit von Pandrosos und der Fundort, die Akropolis von Athen[89], führen uns jedoch zu einer autochthonen Sage Athens, in der nach den erhaltenen Figuren unseres Gefäßes auch der König Kekrops und Poseidon mitgewirkt haben.

Zu der Stilstufe des Kotylenkraters von der Akropolis sind ferner die Pinakes aus Kalyvia in der Sammlung Vlastos (Kat.Nr. A.23–A.25; Abb. 69.70)[90] und das Fragment wohl eines Kolonettenkraters *Taf. 37.38* aus Lindos in İstanbul (Kat.Nr. A.35, Abb. 66)[91] zu rechnen. Besonders die Zeichnung der Gesichts- *Taf. 35* konturen der Frauen auf diesen Stücken sind auffallend ähnlich. Dies wird aber noch deutlicher, wenn man sie mit den Gesichtern auf dem Erskine-Dinos im Britischen Museum, die durch stark fliehende Stirn und Kinn und dadurch entstandene Spitznase gekennzeichnet sind, vergleicht.

Neuerdings wurde im Kerameikos ein Fragment des Sophilos ausgegraben (Kat.Nr. A.18; Abb. 63, *Taf. 34* Fig. 20)[92]. Es stammt von einem kleineren Kotylenkrater als die Fragmente von der Akropolis (Fig. 19). Die Qualität der Zeichnung des Kerameikos-Kraters ist mäßig. Von den erhaltenen Figuren dieses Kraters wird für den Stil des Malers nicht viel gewonnen. Nur die Stilisierung des Stirnhaares der Frau findet man auch bei dem Haar der Nymphe auf dem Fragment aus Lindos (Abb. 66). Wichtig ist jedoch *Taf. 35* die Gefäßform, die uns zeigt, daß Sophilos mit Kotylenkrateren vertraut war.

85 vgl. K. Kübler, Kerameikos VI 2 (1970), 111–115, Taf. 87.

86 Diese Gefäßform trägt nur auf einer Seite figürliche Darstellungen. Die Rückseite ist immer mit einfachen pflanzlichen Ornamenten, Schlingen oder Spiralen verziert, vgl. K. Kübler, Kerameikos VI 2 (1970), Taf. 87.88.115 und S. Karousou, Angeia tou Anagyrountos I (1963), Taf. 3.

87 J. D. Beazley, ABV 40 Nr. 17.

88 vgl. die Pferde der Viergespanne auf dem Akropolis-Dinos (hier Abb. 5), auf dem Erskine-Dinos (Abb. 1–4) und auf dem Pharsalos-Dinos (Abb. 10).

89 B. Graef – E. Langlotz, Die antiken Vasen von der Akropolis zu Athen I (1925), 63 Nr. 585 a–b.

90 S. Karousou, AM 62, 1937, Taf. 48f.; J. Boardman, BSA 50, 1955, 59 Nr. 6; J. D. Beazley, ABV 42 Nr. 38, 39, 40.

91 Chr. Blinkenberg, Lindos I (1939), Taf. 127 Nr. 2629; J. D. Beazley, ABV Nr. 37; R. M. Cook, Greek Painted Pottery (1960), Taf. 15.

92 K. Kübler, Kerameikos VI 2 (1970), 539 Nr. 193, Taf. 122.

Die langhalsige Amphora (Kat.Nr. A.14; Abb. 89–97, Fig. 21–25)[93], drei Lekanides (Kat.Nr. A.26–A.28; Abb. 104–114, Fig. 26–28)[94] und der Kelch (Kat.Nr. A.30; Abb. 98–103, Fig. 29)[95], die in Vourva ausgegraben worden sind[96], bilden eine Stileinheit für sich innerhalb des Werkes des Sophilos. Die vom Ohr herabhängende Haarmasse sämtlicher Sirenenfiguren auf der Amphora (Abb. 94.95, Fig. 24) teilt sich in drei bis vier kurze Locken, die wie Sägezähne aussehen. Ähnlich gezeichnete Locken weisen auch die Flammenmähnen der Löwen dieses Gefäßes (Abb. 92, Fig. 25) auf. In dieser Weise wiedergegebene Haarlocken sind auf den Lekanides (Abb. 107.112) und dem Kelch (Abb. 98.99.101) wiederzufinden. Die Sphingen, Sirenen und Löwen auf den Gefäßen der früheren Gruppen, wie etwa auf dem Kolonettenkrater in Athen (Abb. 39, Fig. 13), der Amphora in Florenz (Abb. 46) und der Pyxis in Boston (Abb. 49) weisen dagegen lange Haar- und Mähnenlocken auf. Die sägezahnartig wiedergegebenen Haar- und Mähnenlocken der Sirenen und Löwen auf den Vasen aus Vourva sehen wir als ein Argument für die Spätdatierung. Diese gemeinsamen Eigenschaften der Gefäße aus Vourva kommen auch auf dem Dinos aus Gortyn (Kat.Nr. B.2) und dem Kolonettenkrater in Aegina (Kat.Nr. B.12), die die spätesten Erzeugnisse aus dem Umkreis des Sophilos sind, mit einem weiteren späteren Element, und zwar mit dem durch eine einzelne Linie gezeichneten Schulterblatt zusammen vor, welches uns an die früheren Beispiele der tyrrhenischen Amphoren und an die Zeit der François-Vase heranrückt[97]. Die Maulpartien der Panther auf der Amphora aus Vourva sind mit den an den beiden Seiten des Nasenrückens waagerecht bzw. schräg angebrachten Liniengruppen detailliert (Abb. 96.97, Fig. 22). Dieses Detail kommt auch bei den Panthern auf den früheren Werken des Malers vor (Abb. 51, Fig. 7). Ein Panther an der rechten Seite im oberen Fries der Lekanis aus Vourva (Kat.Nr. A.27) hat eine in dieser Weise wiedergegebene Maulpartie (Abb. 113). Die anderen Panther auf den Lekanides aus Vourva haben jedoch eine andere Stilisierung der Maulpartien. Bei ihnen hat der Maler die Maulpartien mit den an den beiden Seiten des Nasenrückens angebrachten Halbkreisen oder zwei übereinander gereihten Ellipsen detailliert (Abb. 109.114). Mit zwei bogenförmigen Ritzlinien detaillierte Ohrspitzen der Panther und Eber (Abb. 97.110.114) sind gemeinsame charakteristische Merkmale der Gefäße aus Vourva, die sonst bei den anderen Werken des Malers nicht vorkommen.

The marginal plate references on the left:

Taf. 49–54
Taf. 58–61.55–57
Taf. 53
Taf. 52
Taf. 60.61.55.56
Taf. 21.25
Taf. 27
Taf. 80.81
Taf. 76–78
Taf. 54
Taf. 29
Taf. 61
Taf. 60.61
Taf. 54.60.61

93 J. D. Beazley, ABV 38 Nr. 1.
94 J. D. Beazley, ABV 41 Nr. 29, 28, 30.
95 J. D. Beazley, ABV 39 Nr. 11.

96 B. Stais, AM 15, 1890, 318ff.
97 G. Bakır, AA 1978, 40f.

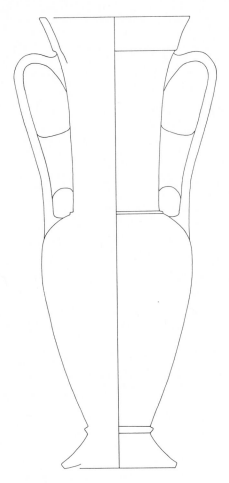

Fig. 21

Fig. 22

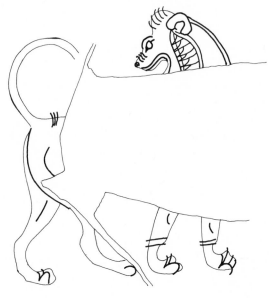

Fig. 23

Fig. 24

Fig. 25

A.14 Athen

Neben den neuen, an den Stil der Entstehungszeit anknüpfenden Elementen wie die Sägezahn-Locken greift der Maler bei den langen Haarlocken der Sirenen in den Innenbildfeldern der Lekanides[98] und *Taf. 56* der Sirene im ersten Fries des Kelchs (Abb. 100) auf seine frühere Form zurück. Abgesehen von den obigen Abweichungen von den früheren Einzelheiten des Malers haben die Tierfiguren und Ornamente auf den Vourva-Gefäßen mehrere, unserem Maler eigentümliche Details, so daß sie als eigenhändig verzierte Werke des Sophilos angenommen werden müssen.

Die Gefäße des Sophilos aus Vourva sind Erzeugnisse einer raschen Arbeit. Die Zeichnungen wirken etwas flüchtig. Bei der von diesen Gefäßen charakterisierten Gruppe dürfen wir jedoch nicht von einem Rückgang an Qualität sprechen. Ein weiteres Mitglied der Gruppe, der Dinos im Louvre *Taf. 46–48* (Kat.Nr. A.4; Abb. 83–88)[99], zeigt besonders in dem ersten und zweiten Fries präziser gezeichnete *Taf. 48* Tierfiguren. Die einigermaßen flüchtig detaillierten Tiere im dritten Fries (Abb. 88) hängen davon ab, daß dieser Fries zum größten Teil nicht gesehen werden kann, solange der Kessel auf seinem Ständer steht. Die Sirenen des Dinos haben immer wie Sägezähne aussehende Haarlocken. Fast alle Panther weisen eine aus zwei Halbkreisen bestehende Stilisierung der Maulpartien auf. Nur bei einem Panther im dritten Fries ist die Maulpartie mit den schrägen Liniengruppen detailliert (Abb. 88), die wir auch *Taf. 61* bei einigen Panthern der Lekanis (Kat.Nr. A.27, Abb. 113) und der Amphora aus Vourva (Abb. 97, Fig. *Taf. 54* 22) gesehen haben. Enge stilistische Verwandtschaft besteht ferner zwischen den Löwenfiguren dieses Dinos und der Amphora aus Vourva.

Taf. 63 Die auf dem in Aegina ausgegrabenen Deckelfragment (Kat.Nr. A.31; Abb. 119, Fig. 30)[100] befindlichen Sirenen wiederholen die Haarlocken und die Gesichtszüge, die den Sirenen der Lekanides *Taf. 60.61* (Abb. 107.112) eigentümlich sind. Auch die Sphinx auf der Henkelplatte eines Kolonettenkraters im *Taf. 63* Louvre (Kat.Nr. A.16; Abb. 121)[101] und die Sirene auf einem Fragment aus Tell Sukas (Kat.Nr. A.38; Abb. 120)[102] zeigen dieselben Haarlocken und dürfen in diese Gruppe aufgenommen werden. Wie Beazley schon darauf hingewiesen hat, weist das von einem Dinos stammende Fragment mit Resten *Taf. 63* eines Löwen und einer Sirene in Hildesheim (Kat.Nr. A.5; Abb. 122)[103] sowohl an Qualität als auch an Einzelheiten enge Beziehungen zu den Löwen und Panthern des Dinos im Louvre auf.

Nach den Gesichtszügen des Panthers auf einem Fragment, die auch den Panthern auf den Gefäßen aus *Taf. 62* Vourva eigentümlich sind, ist der Deckel in Aegina (Kat.Nr. A.32; Abb. 115.116, Fig. 31)[104] wohl von Sophilos selbst bemalt.

FRAGMENTE

Kat.Nr.:

Taf. 65	A.6	Fragment eines Dinos. Cambridge, Fitzwilliam Museum, Inv. Nr.: GR. 128.1899 (N.128).
Taf. 64	A.7	Zwei Fragmente eines Dinos. London, Britisches Museum, Inv.Nr.: B 103.14.1–2
Taf. 65	A.13	Fragment einer Halsamphora. Oxford, Ashmolean Museum, Inv.Nr.: G 128.20.
Taf. 65	A.29	Fragment einer Lekanis. Oxford, Ashmolean Museum, Inv.Nr.: G 547.
Taf. 64	A.33	Zwei Fragmente eines Ständers. Athen, Agora-Museum, Inv. Nr.: P 8779.

---

98 S. Karousou, Angeia tou Anagyrountos I (1963), Abb. 57.

99 J. D. Beazley, ABV 30 Nr. 12.

100 J. D. Beazley, ABV 41 Nr. 32. Dieses Fragment stammt nicht von einem Ständer, wie Beazley vermutet hat, sondern von einem Deckel, vgl. hier Fig. 30.

101 J. D. Beazley, Paralipomena 19 Nr. 24 bis.

102 P. J. Riis, Nationalmuseets Arbejdsmark 1961, 127 Abb. 8; J. D. Beazley, Paralipomena 19.

103 J. D. Beazley, ABV 41 Nr. 33.

104 J. D. Beazley, ABV 41 Nr. 31.

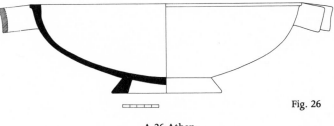

Fig. 26

A.26 Athen

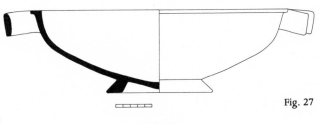

Fig. 27

A.27 Athen

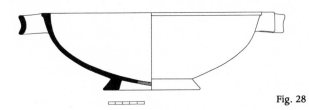

Fig. 28

A.28 Athen

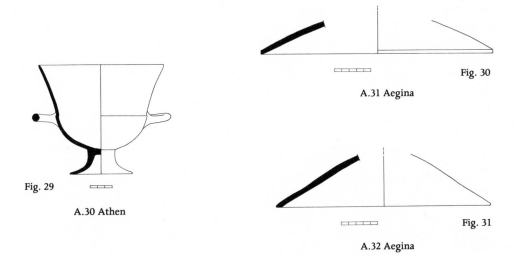

Fig. 30

A.31 Aegina

Fig. 29

A.30 Athen

Fig. 31

A.32 Aegina

31

Taf. 64	A.36	Fragment einer Hydria. Maidstone (Kent). Maidstone Museum and Art Gallery.
Taf. 64	A.37	Fragment einer Olpe oder Amphora. Athen, Agora-Museum, Inv.Nr.: P 12496.
Taf. 64	A.39	Fragment. Athen, Nationalmuseum, Inv.Nr.: Akr. 480.
Taf. 65	A.40	Fragment. Ankara, Archäologisches Institut der Universität.

Von den eigenhändig bemalten Gefäßen des Sophilos sind uns einige Fragmente erhalten. Zwei von
Taf. 65   ihnen, das Fragment in Cambridge (Kat.Nr. A.6; Abb. 129)[105] und das im Britischen Museum (Kat.Nr.
Taf. 64   A.7; Abb. 123)[106] haben Teile von je einem in der Vorderansicht wiedergegebenen Viergespann, das
Taf. 48   den Aufbau und die Einzelheiten des Viergespanns im ersten Fries des Dinos im Louvre (Abb. 87)
wiederholt. Die Köpfe der Pferde auf den Fragmenten im Britischen Museum sind nicht nur mit denen
auf dem Dinos im Louvre zu vergleichen, sondern weisen auffallende Ähnlichkeiten auch zu den
Taf. 3   Pferdeköpfen auf dem signierten Dinos von der Akropolis (Abb. 5h) und auf dem Kotylenkrater mit
Taf. 35   Pandrosos-Darstellung auf (Abb. 65, Fig. 18).

Ein kleines Fragment (Kat.Nr. 40; Abb. 128)[107], das in Phokaia ausgegraben wurde, stammt ebenfalls
von einem Gefäß des Sophilos. Der auf diesem Fragment erhaltene Sirenen- oder Sphingenkopf hat die
Taf. 13   gleiche Gesichtskontur, wie wir sie bei der rechten Sphinx der Bauchamphora im Louvre (Abb. 23)
wiederfinden. Die leicht gewölbte Stirn, die Form der Nase sowie die betonte Nasenwurzel, die
vorgeschobenen Lippen und die nach unten gebogene Mundlinie besitzen sie gemeinsam.

Der Kopf des Reiters auf dem kleinen Fragment von einer Olpe oder einer Amphora von der Agora zu
Taf. 64   Athen (Kat.Nr. A. 37; Abb. 125)[108] läßt sich mit dem Kopf des Zuschauers auf dem Kolonettenkrater in
Taf. 23   Athen (Abb. 43) vergleichen. Die niedrige Kalotte, die Haarfrisur und das verhältnismäßig klein
gehaltene Ohr sind identisch. Hier können auch die Hermesfiguren auf den Amphoren in Florenz
Taf. 25.30   (Abb. 46) und in Athen (Abb. 53) als Vergleichsbeispiele herangezogen werden.
Taf. 65   Die Sphinx auf dem Fragment von einer Halsamphora in Oxford (Kat.Nr. A.13; Abb. 127)[109] weist bei
ihren Details auf dem Hinterschenkel, auf dem Kniegelenk und auf den Tatzen typische Züge des
Taf. 65   Sophilos auf. Die Gesichtszüge des Panthers auf einem Lekanis-Fragment in Oxford (Kat.Nr. A.29;
Taf. 6   Abb. 130)[110] sind bei dem Panther auf dem Mündungsrand des Dinos aus Pharsalos (Abb. 11, Fig. 3)
wiederzufinden. Auch die Reste eines Lotos-Palmetten-Geschlinges und eines Ebers auf den Fragmen-
Taf. 62   ten von der Athener Agora (Kat.Nr. A. 34; Abb. 117.118)[111] und die Köpfe von zwei Ebern und einem
kleinen Löwen, dessen Bruder wieder auf dem Mündungsrand des Dinos aus Pharsalos zu sehen ist, auf
Taf. 64   einem Fragment von der Akropolis zu Athen (Kat.Nr. A.39; Abb. 124)[112] verraten die Handschrift
unseres Malers.

Die übertrieben lang gezeichneten Finger des Nereus, das aus drei Ritzlinien bestehende Armband und
die mit bogenförmigen Ritzlinien detaillierte Tatze eines Löwen und noch dazu die Verwendung roter
Taf. 64   Umrisse auf dem Fragment im Maidstone-Museum (Kat. Nr. A.36; Abb. 126)[113] sprechen dafür, daß
dieses Fragment von einem von Sophilos bemalten Gefäß stammt. Zeugen dafür sind die Figuren von
Taf. 18   Nereus auf dem Kolonettenkrater in Athen (Abb. 33, Fig. 14) und eines Satyrs auf der Scherbe aus
Taf. 35   Lindos (Abb. 66), bei denen die langen Finger und mit Ritzlinien wiedergegebenen Armbänder mit
denen des Nereus auf dem Fragment im Maidstone-Museum identisch sind.

105 J. D. Beazley, ABV 39 Nr. 14.
106 J. D. Beazley – H. Payne, JHS 49, 1929, 255 Abb. 2 Nr.
3; M. B. Moore, Horses on Black-Figured Greek Vases of the
Archaic Period: ca. 620–480 B.C. (1972), 26 Nr. A 96, Taf. 7,1
a–b. M. B. Moore hat diese Fragmente Sophilos zugeschrieben.
107 Für die Publikationserlaubnis dieses Fragments bedanke ich mich bei Herrn E. Akurgal.

108 J. D. Beazley, ABV 39 Nr. 8; M. B. Moore, a.O., 24f.,
Nr. A 85.
109 J. D. Beazley, ABV 38 Nr. 4.
110 CVA Oxford, Ashmolean Museum (2), Taf. 1 Nr. 8.
111 J. D. Beazley, ABV 40 Nr. 22.
112 B. Graef – E. Langlotz, Die antiken Vasen von der
Akropolis zu Athen I (1925), 53 Nr. 480.
113 J. Boardman, BICS 5, 1958, 7ff., Taf. 2.

STELLE DER SIGNIERTEN DINOI

In der bis jetzt betrachteten Entwicklungsreihe der Gefäße des Sophilos kann nun die Stellung der signierten Dinoi gesucht werden. Die erhaltenen Darstellungen auf dem fragmentierten Dinos aus Pharsalos sind so weit mit den entsprechenden auf dem Erskine-Dinos identisch, daß wir die beiden gleichzeitig annehmen. Diese Dinoi zeigen keine Züge, die in der späten Phase des Malers festzustellen sind. Mehrere Einzelheiten sprechen dafür, daß sie eher in die mittlere Phase des Sophilos gehören. Der Panther mit wellig umrandeter Gesichtskontur im zweiten Fries des Erskine-Dinos (Abb. 1) ruft die *Taf. 1* Panther auf dem Ausguß-Kessel aus Menidi (Abb. 18.20, Fig. 7) und auf der Amphora aus Marathon *Taf. 9.10* (Abb. 54) in Erinnerung. Die Gesichtszüge eines anderen Panthers wieder im zweiten Fries (Abb. 4) *Taf. 31.2* bringen uns jedoch den Panthern der späten Phase näher, während die Sirenen und Löwen mit Flammenmähnen dieses Dinos die sägezahnähnlichen Locken noch nicht kennen. Danach räumen wir für die beiden Dinoi einen Platz am Ende der mittleren Phase ein.

Bei dem fragmentierten Dinos von der Athener Akropolis, dessen Tierfiguren völlig verlorengegangen sind, sind wir auf die Menschenfiguren angewiesen. Soweit auf den der Forschung freigegebenen Photos festgestellt werden kann, sind die Figuren auf dem Erskine-Dinos im Britischen Museum (Abb. 1–4) schlanker als die erhaltenen des Akropolis-Dinos (Abb. 5). Die Gesichter der Frauen sind *Taf. 1.2.3* durch die stark fliehende Stirn und Kinnpartie gekennzeichnet. Die Schlankheit ist auch bei den Köpfen der Frauen abzulesen. Die Frauen auf dem Akropolis-Dinos weisen dagegen gedrungene Figuren und flache Köpfe (Abb. 5) auf. Das Nymphen-Paar auf einem Fragment dieses Dinos (Abb. 9) *Taf. 5* führt uns zu dem Paar auf dem Kotylenkrater-Fragment mit Beischrift Pandrosos (Abb. 67) von der *Taf. 36* Athener Akropolis. Das wie eine Etagenperücke gegliederte Haar des Poseidon auf einem anderen Fragment (Abb. 7) weist auf die früheren Abschnitte der mittleren Phase des Malers. *Taf. 4*

LEBES GAMIKOS AUS SMYRNA

Die stilistische Stelle des Lebes Gamikos aus Smyrna (Kat.Nr. A.21; Abb. 71–82, Fig. 32–38) innerhalb *Taf. 40–45* der Gruppe der mit Sophilos in Verbindung gebrachten Gefäße ist umstritten. J. D. Beazley hatte dieses Gefäß als ein eigenhändiges Werk des Malers angenommen[114]. An Hand der damaligen Kenntnisse über diesen Maler wollte J. Boardman dagegen mit Recht auf diesem Lebes Gamikos die Handschrift eines anderen Malers in der Werkstatt des Sophilos erkennen[115]. Nach dem Auftauchen des signierten und gut erhaltenen Dinos mit Ständer im Britischen Museum tendieren wir jetzt dazu, dieses Gefäß als ein von Sophilos selbst bemaltes Werk anzusehen. Einige von den damals für unbelegt gehaltenen Details kommen jetzt auf dem Erskine-Dinos vor. Eckige Konturen der Tatzen und mit geraden Linien wiedergegebene Krallen sind auf dem Dinos in London (Abb. 1–4) mehrfach zu belegen. Diese *Taf. 1.2* Eigenschaft kommt auch auf dem signierten Ausguß-Kessel aus Menidi (Abb. 17.18, Fig. 7) vor, so daß *Taf. 9* sie keine Seltenheit im Detail-Repertoire des Sophilos ist. Die schräg nach hinten gezogenen Locken der Flammenmähnen der Löwen auf dem Lebes Gamikos sind wieder bei denen des Dinos in London (Abb. 1) wiederzufinden. Die die Rückenkontur berührenden Schwanzquasten der Löwen und Panther des

---

114 J. D. Beazley, ABV 40 Nr. 20.

115 J. Boardman, BSA 53/54, 1958/59, 155f.; ders., Schwarzfigurige Vasen aus Athen (1977), 21.

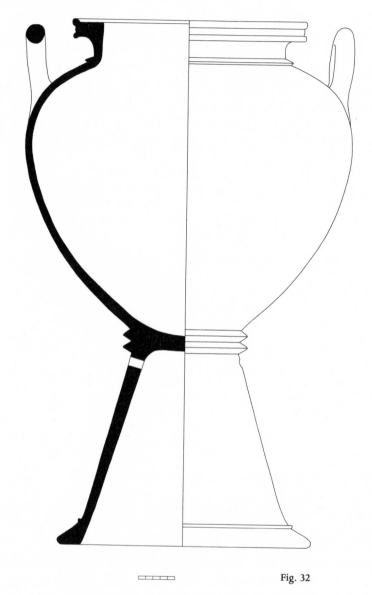

Fig. 32

A.21 İzmir

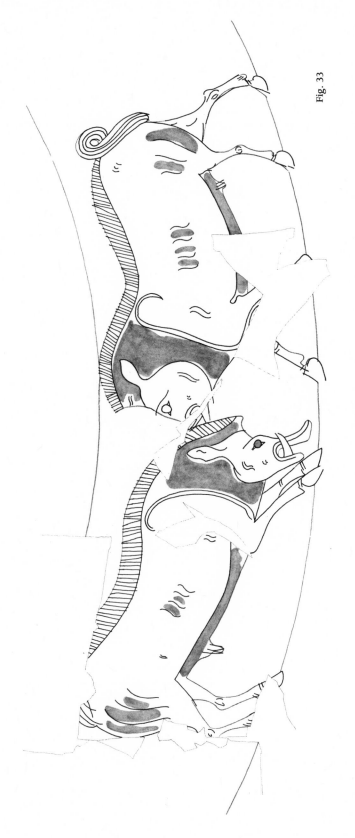

Fig. 33

A.21 İzmir

35

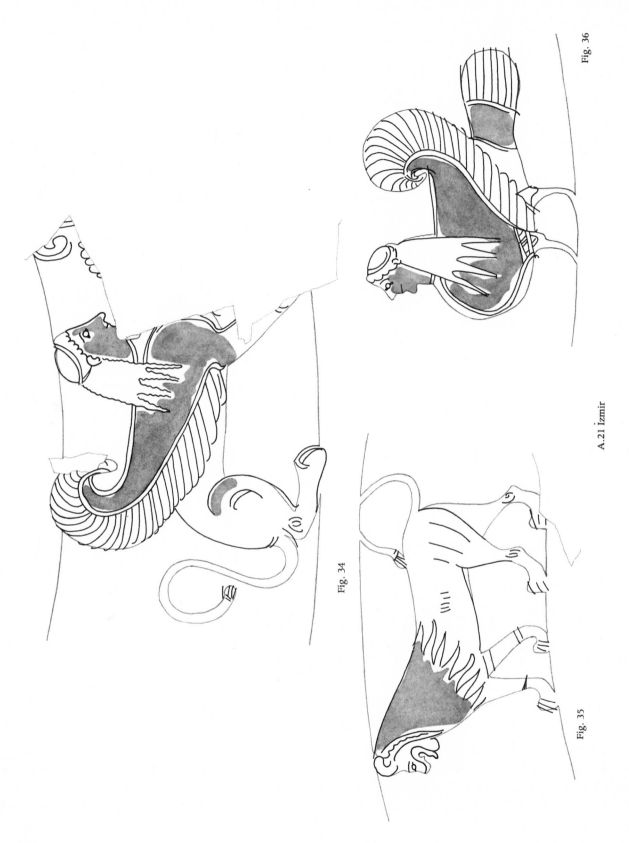

Fig. 34

Fig. 35

Fig. 36

A.21 İzmir

Fig. 37

Fig. 38

A.21 İzmir

37

Gefäßes aus Smyrna haben ihre Parallele bei mehreren Beispielen sowohl auf dem Dinos in London

Taf. 1.2.54.61 (Abb. 1–4), als auch auf den Gefäßen des Sophilos aus Vourva (Abb. 96.113) und aus Marathon
Taf. 31.32 (Abb. 54–56). Die Sirenen und die Sphingen des Sophilos tragen nicht immer mit Mustern verzierte
Taf. 46.47 Haarbinden. Z. B. haben die Sirenen auf dem Dinos im Louvre (Abb. 84.86) und auf den Gefäßen aus
Taf. 53.60.61 Vourva (Abb. 94.107.112) keine Haarbinden, so daß hier nicht von einer Regel unseres Malers
gesprochen werden darf. Der mit einer Wellenlinie verzierte Kern einer Seitenpalmette des Lotos-
Taf. 43.1 Palmetten-Geschlinges (Abb. 78) ist jetzt auf dem Dinos in London (Abb. 2) belegt.

Die Verwendung des schwarzen Firnisses für die Schriften im Handlungsbild auf dem Lebes Gamikos
Taf. 8.9 ruft die ebenfalls mit schwarz geschriebenen Beischriften auf dem Ausguß-Kessel aus Menidi (Kat.Nr.
Taf. 35.36 A.20) und die Fragmente des Kotylenkraters von der Athener Akropolis (Kat.Nr. A.17) in Erinnerung.
Taf. 1.2 Auch das mit vier Hasten geschriebene Sigma kommt ein paarmal auf dem Erskine-Dinos (Kat.Nr. A.1)
vor.

Immer noch sind unbelegt die schopflosen Köpfe der Löwen mit weit nach vorne geschobenen,
Taf. 43.44 gekippten Ohren (Abb. 77.78; Fig. 35), der zweibeinige Panther (Abb. 79), dessen mit kurzen Strichen
Taf. 32 angedeutetes Fell auf der Marathon-Amphora (Abb. 56) nochmal zu sehen ist[116], und die Verwendung
des schwarzen Firnis bei den Umrissen im Handlungsbild.

Die Sirenen, Sphingen und Löwen auf dem Lebes Gamikos zeigen keine späten Merkmale, die die späte
Phase des Malers und die späteren Werke aus seinem Umkreis charakterisieren. Sie sind eher mit denen
Taf. 1.2 der mittleren Phase zu vergleichen. In erster Linie kommen die Tiere auf dem Erskine-Dinos (Abb. 1–4)
Taf. 30–33 und auf der Marathon-Amphora (Abb. 52–59), deren Lotos-Palmetten-Geschlinge mit dem des Lebes
Taf. 45 Gamikos (Abb. 82) im Einklang steht, die sich mit den Tieren auf dem Lebes Gamikos vergleichen
Taf. 45 lassen. Die Figuren von Menelaos und Helene im Handlungsbild des Gefäßes aus Smyrna (Abb. 81) und
Taf. 1 die Figuren von Zeus und Hera auf dem Erskine-Dinos (Abb. 1) sehen so ähnlich aus, als wären sie in
gleichem Zug gezeichnet. Danach darf der Lebes Gamikos eher als ein Werk der mittleren Schaffens-
periode des Sophilos angesehen werden.

116 Der Panther auf einem kleinen Fragment in Oxford
(hier Kat.Nr. B.27, Abb. 176) weist ähnlich angedeutetes Fell
auf. s. J. Boardman, BSA 53/54, 1958/59, 156 Anm. 14.

Gefäße aus dem Umkreis des Sophilos

Unter den Gefäßen, die stilistisch mit Sophilos in Verbindung gebracht worden sind, gibt es einige Beispiele, welche neben den sophileischen Zügen auch neue Stilelemente tragen, die auf den bisherigen, als eigenhändig bemalt angenommenen Werken des Sophilos nicht zu finden sind. Deswegen möchten wir diese als Gefäße aus dem Umkreis des Sophilos betrachten. Einige hier behandelte Fragmente sind wohl von Sophilos selbst bemalt. Auf ihnen ist aber von den Darstellungen und von den Einzelheiten so wenig erhalten, daß eine sichere Zuweisung unmöglich ist.

FRÜHERE GRUPPE

Kat.Nr.:

B.1	Dinos. London, Britisches Museum, Inv.Nr.: B 100 und B 601.26.	*Taf. 66–70*
B.4	Loutrophoros-Amphora. Warschau, Nationalmuseum, Inv.Nr.: 135837.	*Taf. 71*
B.15	Hydria. Athen, Nationalmuseum, Inv.Nr.: 19191.	*Taf. 72–75*

Der in Naukratis ausgegrabene, fragmentierte Dinos im Britischen Museum (Kat.Nr. B.1; Abb. 131–136)[117] hat einige Details, die denen des Sophilos fremd sind. Bei sämtlichen Tieren fehlt die vom Vorderbein bis zum Hinterbein führende, die Bauchpartien begrenzende Ritzlinie, die bei den durch Signatur oder Stil gesicherten eigenhändigen Tierfiguren unseres Malers immer vorhanden ist. Ungewöhnlich für Sophilos ist die Trennung der Tatzen durch zwei Ritzlinien von den Hinterbeinen. Auch die Form der Halbierung und der Punktierung des Ohres des Ebers ist bei den Eberdarstellungen auf den bisherigen Gefäßen nicht belegt. Ferner deuten die Gesichtskonturen der Sirenen auf die Entfernung vom Stil des Sophilos.   *Taf. 66–70*

Die Figuren der Hydria aus Vari (Kat.Nr. B.15; Abb. 142–147, Fig. 39)[118] verraten die Handschrift eines Malers aus dem weiteren Umkreis des Sophilos. Neben den an Sophilos erinnernden Details bei den Sirenen und dem Hermes führen die Panther und Löwen solche Einzelheiten ein, die man kaum mit unserem Maler in Verbindung bringen kann. Die Firnissilhouette der Köpfe von Panthern mit verhältnismäßig klein gehaltenen Ohren und Maulpartien weicht von den Normen unseres Malers ab. Die Löwen mit Flammenmähnen auf der Schulter dieses Gefäßes haben mißverstandene Details des Sophilos. Das S-förmige Detail zwischen dem Vorderbein und dem Bauch bei dem linken Löwen (Abb. 144) und das bogenförmige Schulterblatt des rechten Löwen (Abb. 145), die eigentlich wegen der Flammenmähne nicht gesehen werden könnte und bei den Löwenfiguren mit Flammenmähnen des Sophilos niemals vorkommen, wurden vom Maler dieser Hydria durchgeführt.   *Taf. 72–75*, *Taf. 74*

Grobe Linienführung zeigt die langhalsige Amphora in Warschau (Kat.Nr. B.4; Abb. 139–141)[119].   *Taf. 71*

117 J. D. Beazley, ABV 39 Nr. 13.

118 J. Boardman – J. Hayes, Excavations at Tocra I (1966), 97 Anm. 5.

119 J. D. Beazley, Paralipomena 18 Nr. 1 bis.

Mehrere Züge bei den Löwen, den Sirenen und den Panthern lassen dieses Gefäß den Gefäßen des Sophilos aus Vourva näher bringen. Zu einer anderen Hand führen jedoch der Aufbau und die Proportionierung der Firnissilhouetten, die sich am deutlichsten bei den Tieren im Bauchfries kristallisieren. Ein Vergleich mit den Firnissilhouetten der gesicherten Tierfiguren des Sophilos läßt gleich erkennen, daß auf dieser Amphora ein Nachahmer mit mäßiger Handschrift tätig war.

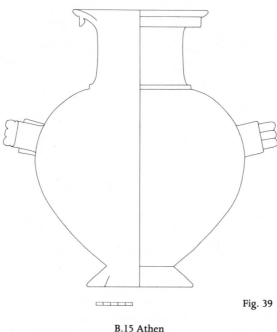

Fig. 39

B.15 Athen

SPÄTE GRUPPE

Kat.Nr.:

Taf. 80.81	B.2	Dinos. Herakleion, Museum.
Taf. 79	B.10	Bauchamphora. Athen, Agora-Museum, Inv.Nr.: P 3703.
Taf. 79	B.11	Bauchamphora. Athen, Agora-Museum, Inv.Nr.: P 15088.
Taf. 76–78	B.12	Kolonettenkrater. Aegina, Museum, Inv.Nr.: 1775a.
Taf. 82	B.13	Kolonettenkrater. Paris, Musée du Louvre, Inv.Nr.: Camp. 11251.
	B.14	Oinochoe, Salerno, Soprintendenza alle Antichità.
Taf. 83	B.20	Zwei Fragmente. Athen, Nationalmuseum, Inv.Nr.: Akr. 584 a–b.

Taf. 80.81   Der von W. Johannowsky unserem Maler zugewiesene Dinos aus Gortyn (Kat.Nr. B.2; Abb. 158–160)[120] darf wohl als Werk aus dem Umkreis des Sophilos betrachtet werden, wie schon J. Boardman darauf hingewiesen hat[121]. Das wird durch den Eber und den Löwen, die im untersten Fries gegenüber

120 W. Johannowsky, ASAtene 17/18, 1955/56, 45–51;   121 J. Boardman, BSA 53/54, 1958/59, 155 Anm. 7.
J. D. Beazley, Paralipomena 18 Nr. 14 bis.

40

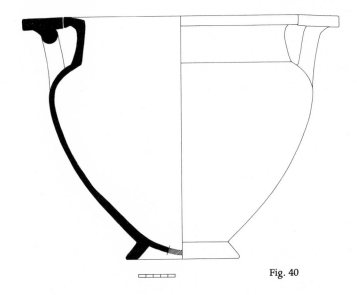

Fig. 40

Fig. 41

B.12 Aegina

Taf. 80 stehen (Abb. 159), bestätigt. Das in zwei Zügen gezeichnete Ohr und das geschlossene Maul des Ebers sprechen dafür. Die Einzelheiten des Löwen sind anders als die der gesicherten Löwenfiguren unseres Malers. Auch die Gliederung der Maulpartie eines Panthers auf einem anderen Fragment (Abb. 160) ist als ein Detail des Sophilos nicht zu belegen.

Das in Vorderansicht wiedergegebene Viergespann im ersten Fries des von Beazley dem Sophilos zugeschriebenen[122], aber von F. Villard als ein Werk eines Nachahmers angenommenen[123], fragmen-
Taf. 82 tierten Kolonettenkraters im Louvre (Kat.Nr. B.13; Abb. 165–168) ruft die Viergespanne auf den Dinoi
Taf. 64.48 im Britischen Museum (Abb. 123) und im Louvre (Abb. 87) in Erinnerung. Der Hahn, die Palmette, die wohl aus der Henkelansatzstelle herauswächst und uns der Zeit der Kleinmeisterschalen annähert, und die unbeholfene Zeichnung des rückwärts schauenden Vogels im zweiten Fries sprechen eher für einen
Taf. 76–78 Nachahmer. Auch der Kolonettenkrater in Aegina (Kat.Nr. B.12; Abb. 148–153, Fig. 40.41)[124], dessen Sirenen und Rosetten sophileisch aussehen, führt neue und bis jetzt unbelegte Figuren wie Schwäne und Delphine ein, die eine sichere Zuweisung dieses Gefäßes erschweren. Ungewöhnlich für Sophilos
Taf. 78 ist ferner die eigenartige Detaillierung des Mauls des rechten Panthers (Abb. 152, Fig. 41) auf diesem Krater.

Die Rosetten mit sehr kleinen Kernen im Bildfeld und die Doppelpalmetten-Kette über dem Bildfeld des
Taf. 79 Amphorenfragments von der Athener Agora (Kat.Nr. B.10; Abb. 157)[125], dessen Löwen denen des Sophilos näher stehen, veranlassen uns, diese Amphora als ein Werk aus dem Sophilos-Kreis anzunehmen. Die mit Halbkreisen belebte Maulpartie und der in die Länge gezogene Körper des Panthers auf
Taf. 79 der fragmentierten Amphora von der Agora (Kat.Nr. B.11; Abb. 154–156)[126] weisen an die Peripherie des Umkreises von Sophilos.

Die in die spätere Gruppe der Umkreisarbeiten aufgenommenen Gefäße haben neben den stilistischen Abweichungen zwei gemeinsame Züge, die uns über die Zeit der eigenhändigen Werke des Sophilos hinausführen. Einer davon sind die wie Sägezähne aussehenden Haarlocken der Sirenen, die wir auch bei den Sirenen der späten Gefäße des Malers gesehen haben. Dazu kommt jetzt mit den obigen Gefäßen ein weiteres spätes Detail. Das ist die mit einer einzelnen Linie durchgeführte Zeichnung des Schulterblattes, die uns in das zweite Viertel des 6. Jhs. hineinführt[127]. Die Fragmente eines Ständers
Taf. 83 von der Athener Akropolis (Kat.Nr. B.20; Abb. 169)[128] bringen weitere späte Elemente mit. Die eine vertikal stehende Doppelpalmetten-Kette flankierenden Löwen oder Panther im oberen Fries haben die für Sophilos typischen, mit bogenförmigen Linien stilisierten Tatzen. Auch der Mann mit Zepter zwischen zwei Sphingen im unteren Fries hat typische Züge für unseren Maler. Die Gliederung des
Taf. 1 Mantels und das Haar lassen diese Figur mit dem Dionysos auf dem Erskine-Dinos (Abb. 2) gut vergleichen. Die Sphingen an beiden Seiten des Mannes haben aber weiße Gesichter, die auf den Gefäßen des Sophilos als eine Regel nicht vorkommen. Die mit dem, ohne Firnisgrundierung, direkt auf die Gefäßoberfläche aufgesetzten Weiß bemalten Gesichter der Sphingen sind auf dem Voluten-krater des Kleitias und Ergotimos in Florenz[129] wiederzufinden. Die vertikale Doppelpalmetten-Kette ist ein dem Sophilos fremdes Element, dem aber auf den Siana-Schalen des Greifenvogel-Malers zu begegnen ist[130]. Auch der Volutenkrater in Florenz hat die Doppelpalmetten-Kette an den Kanten der Henkel[131]. Das Schulterblatt vom besser erhaltenen Löwen oder Panther an der rechten Seite im oberen Fries ist, wie bei den anderen Mitgliedern dieser Gruppe, mit einer einzelnen Ritzlinie gezeichnet.

122 J. D. Beazley, ABV 40 Nr. 23.
123 CVA Paris, Musée du Louvre (12), Text zu Taf. 157,3–6.
124 J. D. Beazley, ABV 41 Nr. 25.
125 J. D. Beazley, ABV 43 Nr. 5 (Near Sophilos).
126 J. D. Beazley, ABV 39 Nr. 9 (Sophilos).
127 Dazu s. G. Bakır, AA 1978, 40f.

128 J. D. Beazley, ABV 43 Nr. 1 (Near Sophilos).
129 E. Simon – M. und A. Hirmer, Die griechischen Vasen (1976), Taf. 53.
130 Zu den Doppelpalmetten-Ketten des Greifenvogel-Malers s. jetzt G. Bakır, Berlin F 1659 Ressamı (1978, unge-druckte Habilitationsschrift).
131 E. Simon – M. und A. Hirmer, a.O., Taf. 52.53.

Dem Stil des Sophilos näher stehen die Zeichnungen auf der Oinochoe in Salerno (Kat.Nr. B.14)[132]. Die Kreisreihe an der Stirn des rechten Panthers und der mit Grätenmuster belebte Schwanz des Ebers sind bis jetzt jedoch bei ihm unbelegt. Die beiden Schulterblattzeichnungen, einmal mit verdoppelten Linien und andersmal mit einer einzelnen Linie, hatten bei den Tieren dieser Oinochoe ihre Verwendung gefunden.

Ob diese heterogene Gruppe, die wir hier dem Umkreis des Sophilos zuschreiben, als eine weitere Etappe der Stilentwicklung von Sophilos, also das späteste Werk von ihm ist, muß eine Frage bleiben. Zu ihrer Lösung braucht man ein durch Signatur oder durch Stileigenschaften gesichertes Werk des Sophilos, das die Lücke zwischen den gesicherten eigenhändigen Werken des Malers und dieser Gruppe überbrücken wird.

FRAGMENTE

Kat.Nr.:

B.3	İzmir, Arkeoloji Müzesi.	Taf. 81
B.16	Marburg. Archäologisches Institut, Inv.Nr.: 1045 und 1046.	Taf. 84
B.17	Athen, Nationalmuseum, Inv.Nr.: Akr. 586.	Taf. 83
B.18	Athen, Agora-Museum, Inv.Nr.: P 13848.	Taf. 83
B.19	Athen, Agora-Museum, Inv.Nr.: P 18567.	Taf. 83
B.21	Athen, Kerameikos-Museum, Inv.Nr.: 119.	Taf. 81
B.22	İzmir, Arkeoloji Müzesi.	Taf. 81
B.23	Marseille. Fragment aus Marseille.	Taf. 84
B.24	Cambridge, Fitzwilliam Museum, Inv.Nr.: GR. 173.1899.	Taf. 84
B.25	Athen, Nationalmuseum.	
B.26	Reading, Universität, Inv.Nr.: 26.ii.1.	Taf. 81
B.27	Oxford, Ashmolean Museum, Inv.Nr.: G. 128.27.	Taf. 84
B.28	Athen, Kerameikos-Museum.	Taf. 84

Die obigen kleinen Fragmente reflektieren den Stil des Sophilos. Die Darstellungen auf ihnen zeigen aber so wenige Details, daß man sie nicht näher bestimmen kann. Einige weisen jedoch schon in den Umkreis des Sophilos. So die Scherben in Marburg (Kat.Nr. B.16; Abb. 177.178)[133], die einst der inzwischen verschollenen oder zerstörten Geladakis-Hydria[134] angehörten. Sie geben die Köpfe der Löwen wieder, die im Bildfeld zwischen vertikalen Henkeln einen Mann flankieren. Die kreisförmigen und ziemlich niedrig angesetzten Ohren der beiden Löwen und die unbegrenzte Kragenmähne des rechten (Abb. 178) lassen diese Fragmente im Umkreis des Sophilos betrachten. *Taf. 84*

Drei Fragmente in Athen (Kat.Nr. B.17; Abb. 172)[135], (Kat.Nr. B.18; Abb. 170)[136] und (Kat.Nr. B.19; Abb. 171)[137] weisen rote Umrisse auf, die bei den Werken des Sophilos häufig vorkommen. Damit ist aber, wie wir am Anfang dieser Schrift betont haben, nicht gesichert, daß sie von ihm selbst bemalt *Taf. 83*

---

132 B. d'Agostino, Dialoghi di Archeologia 2, 1968, 139–143, Abb. 1–6.

133 J. D. Beazley, Hesperia 13, 1944, Taf. 7,3.4. M. Bergmann teilte mit, daß diese Fragmente in Marburg von einem Kunsthändler aus Paris erworben sind.

134 J. D. Beazley, Hesperia 13, 1944, Taf. 8,1; ders., ABV 42 (by Sophilos or near him).

135 J. D. Beazley, ABV 43 Nr. 5 (Near Sophilos).

136 J. D. Beazley, ABV 41 Nr. 26 (Sophilos).

137 J. D. Beazley, ABV 43 Nr. 4 (Sophilos or near him).

sind. Auf diesen Fragmenten fehlen die Stilelemente des Sophilos, die auf seinen gesicherten Werken mit roten Umrissen nebeneinander verwendet zu finden sind.

Taf. 84 Die kleinen Fragmente in Marseille (Kat.Nr. B.23; Abb. 175)[138], Cambridge (Kat.Nr. B.24; Abb. 174)[139],
Taf. 81.84 Athen (Kat.Nr. B.25)[140], Reading (Kat.Nr. B.26; Abb. 164)[141] und Oxford (Kat.Nr. B.27; Abb. 176)[142] weisen einige sophileische Züge auf. Auch der auf dem Fragment eines Kotylenkraters vom Kerameikos
Taf. 81 (Kat.Nr. B.21; Abb. 163)[143] befindliche Kopf eines Mannes steht mit seinem hufeisenähnlichen Ohr und mit dem wie eine Etagenperücke gegliederten Haar dem Zuschauer auf dem Kolonettenkrater in Athen
Taf. 23 (Abb. 44; Fig.15) am nächsten. Die Rosette und die eckige Schwanzquaste eines Löwen auf einem
Taf. 84 weiteren Fragment vom Kerameikos (Kat.Nr. B.28; Abb. 173)[144] erinnert an die Gefäße des Sophilos aus
Taf. 52.54 Vourva (Abb. 92.96). Die Rosetten auf dem in Smyrna ausgegrabenen Mündungsrand eines Dinos
Taf. 81 (Kat.Nr. B.3; Abb. 161)[145] mit Rot bemalten Kanten sind in der Art unseres Malers. Auch die Sirene auf
Taf. 81 einem Pyxisfragment, ebenfalls aus Smyrna (Kat.Nr. B.22; Abb. 162)[146], ist sophileisch.

LOUTROPHOROI IN ATHEN
(Kat.Nr.: B.5–B.9)

Die fünf Loutrophoros-Hydrien, die 1957 bei dem Nymphen-Heiligtum am Südabhang der Akropolis von Athen ausgegraben worden sind, stehen dem Stil des Sophilos nahe. Meine Notizen, die ich mir während eines kurzen Besuchs des Magazins in der Fethiye-Moschee in Athen gemacht habe, reichen nicht aus, diese Gefäße näher zu bestimmen. Für die Frage, ob sie eigenhändige Werke des Sophilos oder Werke aus seinem Umkreis sind, müssen wir auf die endgültige Publikation dieser Ausgrabungen warten[147].

---

138 Dieses Fragment aus Marseille ist mir durch ein Photo im Photoarchiv des DAI, Rom (Neg.Nr.: 77.2339) bekannt. Der Aufbewahrungsort ist jedoch unbekannt.

139 CVA Cambridge, Fitzwilliam Museum (2), Taf. 20 Nr. 35.

140 J. D. Beazley, ABV 43 Nr. 4 (Near Sophilos). Photo im Beazley-Archiv, Oxford.

141 J. D. Beazley, ABV 41, Nr. 34 (Sophilos).

142 J. Boardman, BSA 53/54, 1958/59, 156 Anm. 14.

143 K. Kübler, Kerameikos VI 2 (1970), 551 Nr. 119, Taf. 109.

144 Photo im Photoarchiv des DAI, Athen (Neg.Nr.: Ke-

ram. 1741).

145 Die Konturen der Rosetten sind mit Zirkel vorgezeichnet, als der Ton noch feucht war. Ähnliches Verfahren ist auch auf den Mündungsrändern der Dinoi im Louvre (Kat.Nr. A.4) und in Herakleion (Kat.Nr. B.2) verwendet.

146 vgl. die Sirene auf dem Mündungsrand des Dinos aus Pharsalos (Kat.Nr. A.3, Abb. 10). Die Publikationserlaubnis für beide Fragmente aus Smyrna verdanke ich Herrn E. Akurgal.

147 Fundberichte: Ergon 1957, 5–12, Abb. 1–10; BCH 80, 1956, 234; BCH 82, 1958, 660–665, Abb. 7–13; AM 78, 1963, 91 Anm. 7.

Nicht von Sophilos

Kat.Nr.:

C.1	Ausguß-Kessel. Athen, Nationalmuseum, Inv.Nr.: 16385.	*Taf. 85.86*
C.2	Ausguß-Kessel. Korfu, Museum, Inv.Nr.: E. 61.09.	
C.3	Fragmente eines Ständers. Athen, Nationalmuseum, Inv.Nr.: Akr. 484 a–f.	*Taf. 87*
C.4	Zwei Fragmente. Athen, Nationalmuseum, Inv.Nr.: Akr. 588.	*Taf. 87*
C.5	Zwei Fragmente. Aegina, Museum, Inv.Nr.: 1987 und 1988.	*Taf. 87*
C.6	Fragment. Athen, Nationalmuseum.	
C.7	Drei Fragmente. Athen, Nationalmuseum, Inv.Nr.: Akr. 499, Akr. 500, und Agora-Museum, Inv.Nr.: AP 1234.	*Taf. 88*
C.8	Fragment. Athen, Nationalmuseum, Inv.Nr.: Akr. 486.	*Taf. 88*

Die obigen Gefäße bzw. Fragmente, die die Forschung mit Sophilos in Verbindung gebracht hat, weisen m. E. keine dem Sophilos eigentümlichen Elemente auf. Den Ausguß-Kessel aus Vari (Kat.Nr. C.1; Abb. 179–182, Fig. 42), den Beazley als ein eigenhändiges Werk des Malers betrachtet hat[148], schreibt I. Scheibler mit Recht dem Sophilos ab[149]. Wir schließen uns ihrer Meinung an. Außer den Elementen des allgemeinen Zeitstils, wie der Flammenmähne und der Begrenzung des Schulterblattes durch eine Doppellinie, führt kein Weg von den bisherigen Löwen des Sophilos zu denen des Kessels aus Vari. Auch die auf dem Kessel befindlichen Füllornamente sind anders als die von Sophilos verwendeten. Es besteht dagegen, wie Karousou feststellte[150], eine Beziehung zwischen dem Vari-Kessel und dem Panthermaler. Da aber der Kessel nicht von Sophilos bemalt ist, so sehen wir keine verbindenden Elemente zwischen Sophilos und dem Panthermaler, welche Karousou in Anlehnung an die Zuweisung von Beazley vermutet hat[151].

Taf. 85.86

Der Ausguß-Kessel aus Garitsa (Kat.Nr. C.2)[152] steht stilistisch dem Maler des vorherigen Kessels sehr nahe. Beazley hat schon auf die töpferische Verwandtschaft hingewiesen[153]. Mehrere identische Züge der Löwen und die Füllornamente in den Bildfeldern sowie die Rosetten auf dem Mündungsrand verbinden die beiden Gefäße miteinander.

---

148 J. D. Beazley, ABV 40 Nr. 19.

149 JdI 76, 1961, 22 Anm. 57.

150 S. Karousou, Angeia tou Anagyrountos I (1963), 67.

151 S. Karousou, a.O., 67. Der Panthermaler und der Kerameikosmaler weisen stilistische Beziehungen auf. Vgl. die rückwärts schauenden Löwen des Panthermalers (Karousou, a.O., Taf. 66) mit denen des Kerameikosmalers (K. Kübler, Kerameikos VI 2 [1970], Taf. 97). Die Olpe aus Vari, Athen, National-Museum 16285, die von Beazley dem Kerameikosmaler zugeschrieben wurde (ABV 19 Nr. 3), ist wohl vom Panthermaler bemalt, vgl. die Panther auf der Olpe (ASAtene 8/10, 1946/50, Taf. 1) mit denen der späteren Lekanis

des Panthermalers (Kunstwerke der Antike, Auktion 40, Taf. 16 Nr. 57; J. D. Beazley, ABV 18 Nr. 6) und denen des Kerameikosmalers (Kerameikos VI 2 [1970] Taf. 96–97). Der Aryballos in Basel (Kunstwerke der Antike, Auktion 40, Taf. 16 Nr. 56) ist nicht weit vom Stil des Kerameikosmalers und vielleicht von ihm selbst bemalt.

152 J. D. Beazley, Paralipomena 19; D. Callipolitis-Feytmans, Les Louteria Attiques (1965), Taf, 5–8; M. B. Moore, Horses on Black-Figured Greek Vases of the Archaic Period: ca. 620–480 B.C. (1972), 26 Nr. A 97.

153 J. D. Beazley, Paralipomena 19.

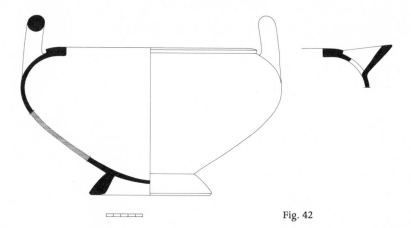

Fig. 42

C.1 Athen

Nicht nur die Gefäßform der Kessel aus Vari und Korfu, die Beazley dem gleichen Töpfer zugeordnet hat[154], sondern auch der Stil ihrer Darstellungen ist so ähnlich, daß wir die beiden als Werke ein und desselben Malers betrachten. Zeugen dafür sind in erster Linie die Löwenfiguren, die auf beiden Gefäßen vorhanden sind. Sie weisen einige dem Gorgomaler eigentümliche Elemente auf. Die Flammenmähne, die das Gesicht vom Hals trennende Doppellinie, die gestrichelte Kontur des Hinterbeines[155], die Zeichnung des Geschlechtes[156] besitzen die Löwen dieser Kessel gemeinsam; sie sind von den Löwenbildern des Gorgomalers übernommen. Die Wiedergabe einzelner Details, die jedoch von denen des Gorgomalers abweichen – so z. B. die Details der Vorderbeine und der Tatze – und bei den Löwendarstellungen dieser Kessel gleich sind, führt uns zu der Annahme, daß wir es hier mit der Handschrift einer Person zu tun haben, die enge stilistische Beziehung zum Gorgomaler hatte, aber mit ihm nicht identisch war. Diesen Maler nennen wir hier »Korfu-Maler«.

Auch die Füllornamente in den Bildfeldern, die aus kernlosen vier- und mehrblättrigen Rosetten und jeweils einer einzelnen Blattrosette mit Doppelkreiskern bestehen, und die Rosetten mit breiten Blättern auf dem Mündungsrand verbinden diese zwei Gefäße miteinander.

Wahrscheinlich vom Korfu-Maler bemalt ist die Olpe A 474 im Louvre[157]. Die Löwenteile der Sphinx auf dieser Olpe stimmen mit den Löwen auf den Kesseln überein. Die Details der Vorderbeine, die Wiedergabe der Tatzen und das V-förmige Detail auf dem Tatzengelenk, das den Knöchel deutlich macht, sind ähnlich. Die gedrungene Form und die doppelkonturierten Kelchblätter der Lotosblüte auf der Olpe lassen sich mit denen des Lotos-Palmetten-Kreuzes auf dem Korfu-Kessel vergleichen. Da die Darstellungen der Olpe und der Kessel sich naturgemäß nicht weiter vergleichen lassen, reichen die verbindenden Elemente für eine sichere Zuweisung nicht aus.

Taf. 87 Auf den Fragmenten des Kraterständers von der Akropolis (Kat.Nr. C.3; Abb. 183)[158] sind die Teile dreier Löwen und einer Schlange erhalten. Nach der Beschreibung der Fragmente[159] ist zu vermuten,

---

154 J. D. Beazley, Paralipomena 19.

155 So z. B. die Hinterbeine der Löwen des Gorgomalers auf den Bauchamphoren im Louvre (JdI 76, 1961, Abb. 3.4) und in Avallon (BCH 85, 1961, 540 Fig. 1). Man vergleiche auch die gestrichelte Rückenkontur der Sphinx auf dem Ausguß-Kessel des Sophilos (Abb. 32, Fig. 10).

156 vgl. die Löwen auf dem Teller des Gorgomalers in Baltimore (JdI 76, 1961, 19 Abb. 20).

157 I. Scheibler, JdI 76, 1961, 35 Abb. 35.

158 J. D. Beazley, ABV 42 Nr. 1 (Near Sophilos).

159 B. Graef – E. Langlotz, Die antiken Vasen von der Akropolis zu Athen I (1925), 43 Nr. 485. Diese Fragmente waren mir nicht zugänglich. Ich kenne sie von einer Sammelaufnahme des DAI in Athen (Neg.Nr.: AK.V.267), worauf das größte Fragment (a) mit dem Schwanz und den Hinterfüßen eines sitzenden Löwen fehlt. Die Details auf diesem Fragment würden uns für die Zuweisung weiter helfen.

46

daß hier eine Gruppe von einer Chimära zwischen zwei hockenden Löwen dargestellt war. Weiß bemalte, in zwei Reihen wiedergegebene Zähne sowie zwei Eckzähne, die Sophilos fremd sind, erinnern eher an die Löwen des Gorgomalers[160]. Auch die weißen Tupfen in den Blattzwickeln der Rosette sind charakteristisch für ihn[161].

Das von Beazley dem Sophilos zugeschriebene Fragment von der Akropolis zu Athen (Kat.Nr. C.4; *Taf. 87* Abb. 184)[162] stammt wohl von einem Kantharos oder einem ähnlichen Gefäß. Von diesem Gefäß ist uns noch ein weiteres Fragment erhalten, worauf ein Teil der Lotos-Palmetten-Kette zu sehen ist. Die gedrungene und quadratische Form des Lotos ruft eher die Lotoszeichnungen des Gorgomalers[163] und des KX-Malers[164] in Erinnerung als diejenigen des Sophilos. Die Figuren auf dem anderen Fragment zeigen feinere Ritzlinien[165], die dem Sophilos nicht eigentümlich sind. So sind auch die in negativ erhaltenen weißen Tupfen auf dem Kleid der Frau. Sophileisch ist dabei die Verwendung der roten Farbe bei der Beischrift Artemis, die aber alleine nicht ausreicht, diese Fragmente dem Sophilos zuzuweisen.

Die zwei Fragmente im Aegina-Museum, Inv-Nr.: 1987 und 1988 (Kat.Nr. C.5; Abb. 185), die einst mit *Taf. 87* den Fragmenten Inv.Nr.: 2801, 2802 und 2803 demselben Gefäß zugehörig angenommen wurden[166], *Taf. 34* weisen andere stilistische Merkmale auf, so daß die Zusammengehörigkeit angezweifelt wird. In der Tat stammen drei Fragmente, deren Figuren sicherlich von Sophilos selbst bemalt sind, von einem offenen Gefäß mit breiten Firnisbändern in der Innenseite. Die zwei Fragmente gehören dagegen zu der Schulterpartie eines geschlossenen Gefäßes wie einer Amphora oder einer Loutrophoros, und die auf ihnen befindliche Lotos-Palmetten-Kette hat einen ganz anderen Aufbau der einzelnen Elemente, so daß man sie kaum als sophileisch bezeichnen kann. Die gedrungenen Formen, die doppelkonturierten Kelchblätter der Lotosblüten und die langen, voneinander fein getrennten Blätter der Palmetten bringen uns mehrfach in die Nähe des KX-Malers.

Ein kleines Fragment von der Athener Akropolis mit dem Kopf eines Ebers nach rechts (Kat.Nr. C.6)[167] hat mit Sophilos nichts zu tun. Das dem Gorgomaler typische Ohr des Ebers erlaubt uns, die Stelle dieses Fragments im Stilkreis des Gorgomalers zu suchen.

Zwischen zwei Fragmenten, von denen das eine auf der Akropolis (Abb. 186c)[168] und das andere am *Taf. 88* Nord-Abhang der Akropolis zu Athen (Abb. 186b)[169] ausgegraben worden ist, hat M. Z. Pease die stilistische Verwandtschaft trefflich festgestellt und sie ein und demselben Gefäß zugeordnet[170], obwohl ihre Bruchkanten nicht aneinanderpassen. Unter den Akropolisfunden gibt es noch weitere Scherben, die als Fragmente desselben Gefäßes kandidieren. Eines davon ist das Fragment, Inv.Nr.: Akr. 499 (Abb. 186a)[171], das Bruch an Bruch an das Nordabhang-Fragment paßt und uns sowohl die fehlenden Partien der Figuren auf dem Fragment vom Nordabhang als auch neue Figuren dieses Gefäßes vermittelt. Mit dem neuen Fragment gewinnen wir im mittleren Fries einen Mann oder Hermes mit Stab oder Kerykeion nach links zwischen zwei hockenden Sphingen, zwei Löwen und wohl zwei Sirenen, von den letzteren ist nur diejenige an der rechten Seite erhalten. Der Rest unter der Sphinx auf dem Nordabhang-Fragment, den Beazley nicht näher bestimmen konnte[172], stammt von der

160 vgl. JdI 76, 1961, 13 Abb. 16.
161 vgl. JdI 76, 1961, 8 Abb. 10.
162 J. D. Beazley, ABV 43 Nr. 6 (Near Sophilos).
163 AM 62, 1937, Taf. 64 (Gorgomaler).
164 AM 62, 1937, Taf. 47 (KX-Maler).
165 Sie sind eher mit denen des KX-Malers zu vergleichen: AM 62, 1937, Taf. 46.
166 J. D. Beazley, ABV 41 Nr. 35 (Sophilos).
167 Photo im Beazley-Archiv, Oxford. J. D. Beazley, ABV 43 Nr. 7 (Near Sophilos).

168 Athen, Nationalmuseum, Inv.Nr.: Akr. 500: B. Graef – E. Langlotz, Die antiken Vasen von der Akropolis zu Athen I (1925), 54 Nr. 500.
169 Athen, Agora-Museum, Inv.Nr.: Nord-Abhang AP 1234: M. Z. Pease, Hesperia 9, 1940, 149 Nr. 5 Abb. 4.
170 J. D. Beazley, ABV 42 Nr. 3 (Near Sophilos).
171 B. Graef – E. Langlotz, Die antiken Vasen von der Akropolis zu Athen I (1925), 54 Nr. 499.
172 J. D. Beazley, ABV 42 Nr. 3 (Near Sophilos).

Rücken- und Flügelpartie einer Gans, deren Kopf, Hals und Brust auf dem neuen Fragment zu sehen sind. So zeigt das Gefäßbecken im untersten Fries eine Reihe von grasenden Gänsen nach links. Von dem oberen Fries sind die Reste von einem Lotos-Palmetten-Geschlinge und Füße von zwei gegenüber stehenden Menschen erhalten. Das neu hinzugekommene Fragment ermöglicht uns jetzt ein näheres Studium des Stils des Malers von diesem Gefäß, der sicherlich nicht dem Stil im Umkreis des Sophilos identisch sein kann. Die unbeholfen gezeichneten, detaillosen Hinterschenkel und die Details der Tatzen der Sphinx sind nicht sophileisch. Auch die Kopfdetails des Löwen wie die mit einer Doppellinie wiedergegebene Kragenmähne, der an eine Baskenmütze erinnernde, undetaillierte Schopf und die Gesichtszüge sprechen für einen anderen Stilkreis als den des Sophilos.

Taf. 88 Die auf diesen drei Fragmenten abgelesenen Stilelemente kommen wieder auf drei weiteren Fragmenten von der Athener Akropolis vor, nämlich auf Akr. 478 (Abb. 186e)[173], Akr. 487 (Abb. 186d)[174] und Akr. 486 (Kat.Nr. C.8; Abb. 186f)[175]. Ob sie von demselben Gefäß stammen wie die ersten drei, muß hier eine Frage bleiben, deren Lösung eine Autopsie an den Originalen erfordert[176].

173 B. Graef – E. Langlotz, a.O., Nr. 478. Photoarchiv des DAI, Athen, Neg.Nr. AK.V.84 (Sammelaufnahme).

174 B. Graef – E. Langlotz, a.O., Nr. 487. Photoarchiv des DAI, Athen, Neg.Nr.: AK.V.84.

175 B. Graef – E. Langlotz, a.O., Nr. 486. Photoarchiv des

DAI, Athen, Neg.Nr.: AK.V.86; J. D. Beazley, ABV 42 Nr. 2 (Near Sophilos).

176 Die hiesige Abbildung 186 ist von den Sammelaufnahmen des DAI, Athen Neg.Nr.: AK.V.84, 86, 88 und Hesperia 9, 1940, 149 Nr. 5 Abb. 4 zusammengestellt.

Chronologie

DER KOLONETTENKRATER IN ATHEN

Wie nach dem uns erhaltenen Material zu schließen ist, taucht der Kolonettenkrater als eine neue Gefäßform zuerst in der frühkorinthischen Stilstufe in dem Formrepertoire der Töpfer in Korinth auf, wo dieses Gefäß dann sehr häufig vorkommt und wo sich eine Entwicklung der Form und des Dekorationsschemas nachweisen läßt[177]. Diese neue Form wurde bald auch von den attischen Töpfern übernommen[178]. Das früheste uns erhaltene attische Beispiel ist der Kolonettenkrater des Sophilos im Nationalmuseum zu Athen (Kat.Nr. A.15; Abb. 33.34. Fig. 11), der sich mit seinen Eigenschaften in die *Taf. 18* Entwicklungslinie der korinthischen Kratere einordnet und uns einen zeitlichen Anhaltspunkt für das Frühwerk des Malers vermittelt. Der Kolonettenkrater des Sophilos gesellt sich mit seinem kurzen Hals, seinen länglichen rechteckigen Henkelplatten und seiner Dekoration, die aus zwei Bildfeldern besteht, zu den früheren korinthischen Kolonettenkratern, die zwischen der Spätzeit der frühkorinthischen und der Frühzeit der mittelkorinthischen Stilphasen vorkommen[179].

In der frühen Phase der mittelkorinthischen Stufe hat sich auf den korinthischen Kratern ein neues Dekorationsschema durchgesetzt. In dieser Zeit wird die seitliche Begrenzung der Bildfelder aufgehoben, und das Dekorationsfeld sieht wie ein Fries aus, der nur durch Henkelansätze und die Bilder unter den Henkeln unterbrochen wird. Ferner besitzen nun die Kratere einen zweiten, hauptsächlich mit Tierfiguren verzierten Fries[180]. Die auf uns gekommenen attischen Kolonettenkratere zeigen eine ähnliche Entwicklung des Dekorationsschemas. Während der Kolonettenkrater des Sophilos im *Taf. 18–23* Athener Nationalmuseum (Kat.Nr. A.15) auf der Stufe der früheren korinthischen Kratere steht,

---

177 H. Payne, Necrocorinthia (1931), 300f.; Hopper, BSA 44, 1949, 249f.

178 Der früheste uns erhaltene attische Kolonettenkrater ist derjenige des Sophilos im Nationalmuseum zu Athen (Kat.Nr. A.15). Die Form des von Karousou erwähnten Kraters aus dem letzten Viertel des 7. Jhs. (AM 62, 1937, 114 Anm. 3), der keine Henkelplatten besitzt und einen kugeligen Körper hat, wurde inzwischen auch in Korinth belegt (frühkorinthisch: S. Weinberg, Corinth VII,1 (1943), Taf. 32 Nr. 233). Wenn diese frühere Form mit kugeligem Bauch und ohne Henkelplatten als eine Vorstufe der eigentlichen Kolonettenkratere betrachtet werden darf, so wird noch wahrscheinlicher, daß die attischen Kolonettenkratere in jeder Phase der Entwicklung dieser Gefäßform den korinthischen Vorbildern gefolgt sind. Zu der spätgeometrischen Platte, die R. Young als ein Fragment eines Kolonettenkraters annimmt, siehe hier Anm. 197 und Hopper, BSA 44, 1949, 249f.

179 Zu den früheren Kolonettenkrateren s. H. Payne, Necrocorinthia (1931), Kat.Nr. 770–779. Zur Datierung und der weiteren Literatur: Münzen und Medaillen AG, Auktion 34 (6. Mai 1967), 44 Nr. 93.

180 Einer der ersten korinthischen Kolonettenkratere, bei denen die seitliche Begrenzung der Bildfelder aufgehoben und ein zweiter Fries hinzugefügt wurde, ist der Eurytios-Krater im Louvre (H. Payne, Necrocorinthia, Kat.Nr. 780; T. Bakır, Kolonettenkrater 12 Nr. K 20), der in der Frühzeit der mittelkorinthischen Phase geschaffen ist (Münzen und Medaillen, Aukt. 34 (6. Mai 1967), 44 Nr. 93; T. Bakır, Kolonettenkrater, 41). Der Durchbruch der Dekoration ist auch unter den Kratern des korinthischen Medaillon-Malers abzulesen (zum Maler: D. A. Amyx, AJA 65, 1961, 1ff.). Während sein Krater in London (D. A. Amyx, a.O. 7, Taf. 13.a–b; T. Bakır, a.O., 10 Nr. K 4) aus der Frühzeit der Mittelkorinthischen Phase noch Bildfelddekoration aufweist, ist bei seinem Krater in Kopenhagen (Amyx, a.O., 6–7, Taf. 11.a–c, 12.a; T. Bakır, a.O., 13 Nr. K 30) die seitliche Begrenzung der Bildfelder aufgehoben, und das Gefäß besitzt nun den zweiten Fries, der dann auf den Kratern der mittelkorinthischen Phase immer wieder zu finden ist.

49

Taf. 82 entsprechen der Kolonettenkrater aus der Werkstatt des Sophilos im Louvre (Kat.Nr. B.13; Abb. 165–168)[181], der des KX-Malers[182] und der des Ptoon-Malers[183] denen der nächsten Entwicklungsstufe der korinthischen Kratere. Die letztgenannten attischen Kratere weisen außer dem neuen Dekorationsschema mit zweitem Fries auch einen höher gewordenen Hals und quadratische Henkelplatten auf[184]. Nach der Entwicklung des Kolonettenkraters in Korinth – nach erhaltenen attischen Krateren scheint auch in Attika eine parallele Entwicklung vor sich gegangen zu sein – ist der Krater des Sophilos in der Zeit geschaffen, als die frühere Form und die Bildfelddekoration noch in der Mode waren, also spätestens noch früh in der mittelkorinthischen Phase: also zwischen 600–590 v. Chr.

DIE FORM DES AUSGUSS-KESSELS AUS PHOKAIA

Taf. 15 Zur Feststellung der Zeit der frühen Gefäße des Sophilos trägt der Ausguß-Kessel aus Phokaia (Kat.Nr. A.19; Abb. 27.28, Fig. 8) bei. Diese Kesselform, die sich mit den hochfüßigen Ausguß-Kesseln in der archäologischen Terminologie als Louterion eingebürgert hat[185], weist eine verfolgbare Formentwicklung von dem Geometrischen bis ins frühe 6. Jh. auf[186]. Den frühattischen und frühesten schwarzfigurigen Beispielen gegenüber erlebte die Form im späten 7. Jh. neben der Entwicklung anderer Elemente auch die Erneuerung der Mündung[187]. Der neue Mündungsrand, der sich von der Schulter mit einer niedrigen und kantigen Stufe erhöht und absetzt, beginnt in horizontaler Richtung breiter zu werden. Der Ausguß-Kessel vom Kerameikos[188] und der aus der Agora zu Athen[189], die etwas jünger als die Berliner Schüssel des Chimära-Nessos-Malers[190] sind, führen als erste Beispiele die neue Mündungsform, die im Schnitt fast ein quadratisches Profil hat, ein. Es folgen die Kessel aus Vari

Taf. 85 (Kat.Nr. C.1; Abb. 179.180, Fig. 42)[191] und der aus Korfu[192], deren Mündungsrand noch breiter geworden ist. Nicht nur der breiter gewordene Mündungsrand, der nun mit denen der Dinoi identisch ist[193], sondern auch die Löwenfiguren und auch die Füllornamente bestätigen, daß die beiden Kessel etwas jünger als der vom Kerameikos sind. Die Löwen der Kessel aus Vari und Korfu stehen schon auf

181 J. D. Beazley, ABV 40 Nr. 23; F. Villard, CVA Paris, Musée du Louvre (12), Taf. 157.

182 CVA Louvre (12), Taf. 156; CVA Rom, Mus.Cap. (1), Taf. 7.

183 CVA Louvre (12), Taf. 158,4.6; 160,1–4.

184 Man vergleiche den Hals des Kolonettenkraters des Sophilos (hier Kat.Nr. A.15, Fig. 11, Abb. 33.34.38) mit dem Hals des frühkorinthischen Kraters (S. Weinberg, Corinth VII,1, Taf. 188), und den Hals des fragmentierten Kraters aus dem Umkreis des Sophilos im Louvre (CVA Louvre [12], 124 Fig. 4) mit dem des Kraters vom KY-Malers im Louvre (CVA Louvre [12], Taf. 156) und mit dem Hals des korinthischen Kraters vom Athana-Maler in Basel (AntK 11, 1968, Taf. 25), der aus der Spätzeit der mittelkorinthischen Phase stammt (J. L. Benson, AJA 73, 1969, 116).

185 H. Kenner, ÖJh 21, 1936, 109ff.; D. Callipolitis-Feytmans, Les Louteria Attiques (1965). Das Wort ›louterion‹ ist bis jetzt für Waschbecken auf hohem Fuß gesichert: D. A. Amyx, Hesperia 27, 1958, 221ff.

186 Die Form setzt sich bis ins 4. Jh. fort. Da aber die Funde spärlich und keine mit Sicherheit bestimmbaren Bei-

spiele erhalten sind, kann die Entwicklungsrichtung nicht festgestellt werden.

187 Die typologische Unterteilung von D. Callipolitis-Feytmans, die die Form in zehn Klassen behandelt, veranschaulicht die allgemeine Entwicklung nicht: s. auch E. Diehl, Gnomon, 1967, 218. Zur allgemeinen Entwicklung der Form: E. Brann, Agora VIII (1962), 43.

188 K. Kübler, Kerameikos VI 2 (1970), Taf. 76; D. Callipolitis-Feytmans, Les Louteria Attiques (1965), 19 Nr. 10, Fig. 6,2.

189 E. Brann, Agora VIII (1962), 42 Nr. 102, Taf. 6, 42; D. Callipolitis-Feytmans, a.O., 19 Nr. 9, Fig. 6,1.

190 J. D. Beazley, Paralipomena 2 Nr. 8 (The Chimaera and Nessos Painter); D. Callipolitis-Feytmans, a.O., 18f. Nr. 8, 22f.

191 J. D. Beazley, ABV 40 Nr. 19; D. Callipolitis-Feytmans, a.O., 20 Nr. 13.

192 J. D. Beazley, Paralipomena 19; D. Callipolitis-Feytmans, a.O., 19 Nr. 12.

193 vgl. den Mündungsrand des Kessels aus Phokaia (Fig. 8) mit dem des Dinos aus Pharsalos (Fig. 1).

der Stufe der Löwen des Gorgomalers, dessen hochfüßiger Ausguß-Kessel aus der Tholos bei Menidi[194] sich mit seiner Mündungsform zu diesen Kesseln gesellt. Zu dieser Gruppe zählt auch das Fragment eines Ausguß-Kessels im Agora-Museum[195]. Die Weiterentwicklung dieser Form noch im frühen 6. Jh. vermittelt uns der Ausguß-Kessel des Sophilos aus der Tholos bei Menidi (Kat.Nr. A.20; Abb. 15–20, *Taf. 8–10* Fig. 6.7)[196]. Dieses Gefäß, das wir nach seinem Stil jünger als den Ausguß-Kessel aus Phokaia ansetzen, hat eine andere Mündungsform als der Ausguß-Kessel des Gorgomalers. Der breite Mündungsrand, der durch einen niedrigen Hals mit der Schulter verbunden ist (Fig. 6), besitzt die Eigenschaften des Kolonettenkraters, der in dieser Zeit als eine neue Gefäßform in den Formschatz der attischen Töpfer eingedrungen ist[197]. Die Kombination des für den Kolonettenkrater charakteristischen Mündungsrandes mit dem Ausguß, die der Kessel des Sophilos aufweist, stellt jedoch keine Sonderform dar. Bewiesen wird dies durch den Kolonettenkrater mit Ausguß in Berlin[198], der zeitlich nicht weit von den späteren Werken aus dem Umkreis des Sophilos entfernt ist. In der Entwicklung dieser Gefäßform zwischen dem späten 7. Jh. und dem ersten Viertel des 6. Jhs. gehört der Ausguß-Kessel aus Phokaia zu der Stufe, die durch die Kessel aus Vari und Korfu vertreten ist.

Der Ausguß-Kessel aus Phokaia, der nach seiner Gefäßform mit den Kesseln des Korfu-Malers auf der gleichen Entwicklungsstufe steht, gesellt sich auch mit seinem Löwenbild zu diesen Kesseln. Die Innenzeichnungen des Löwen des Phokaia-Kessels (Abb. 29.30, Fig. 9) weichen von den Löwen des *Taf. 16* Korfu-Malers (Abb. 181)[199] ab, was daher rührt, daß wir es auf diesen drei Kesseln mit den Handschrif- *Taf. 86* ten von zwei Malern zu tun haben. Trotz der Detailabweichungen weisen die Löwen der drei Kessel jedoch gemeinsamen Körperbau und gleiche Proportionen auf. Im Gegensatz zu dem mit Flammenmähnen bedeckten Vorderteil des Körpers ist das Hinterteil verhältnismäßig leichter gezeichnet. Die den Hinterbeinen gegenüber ziemlich kurz gehaltenen Vorderbeine, die sich nach hinten verjüngende Bauchpartie und die schräge Bauchlinie bekräftigen den Gegensatz zwischen Vorder- und Hinterteil der Löwenkörper.

SOPHILOS UND DER KERAMEIKOSMALER

Außerdem schließt sich der Löwe auf dem Kessel aus Phokaia mit seinen Proportionen den Löwen der Olpe des Kerameikosmalers an[200]. Der Löwe des Kerameikosmalers besitzt die gleichen Eigenschaften des Körperbaues, die wir bei den Löwen von den drei Ausguß-Kesseln beobachtet haben. Die genannten Löwen des Sophilos und des Kerameikosmalers haben eine hochgewachsene und schlanke

---

194 D. Callipolitis-Feytmans, a.O., 49 Nr. M8, Fig. 13.17, Taf. 15. Zur Zuweisung: I. Scheibler, JdI 76, 1961, 16. Auch S. Karousou, AM 62, 1937, 126.

195 D. Callipolitis-Feytmans, a.O. 20 Nr. 14, Abb. 6,3, Taf. 4.d. Wir teilen jedoch die Meinung von Callipolitis-Feytmans nicht, die die erhaltenen Darstellungen auf diesem Fragment mit der Amphora des Lydos im Louvre (Louteria, 26f.) vergleicht. Die Rosetten und der Pferdekopf deuten mehrfach auf den Gorgomaler.

196 J. D. Beazley, ABV 40 Nr. 21 und 42 Nr. 36; D. Callipolitis-Feytmans, a.O., 51 Nr. M9, Fig. 14, Taf. 16.17.

197 Der früheste, bis jetzt unpublizierte attische Kolonettenkrater stammt aus der Werkstatt des Chimära-Nessos-Malers (Ausschnitt: AM 76, 1961, Taf. 3,2). Diese kugelige Frühform, die die frühkorinthischen Kolonettenkratere (Co-

rinth XIII [1964], Taf. 89 Nr. X-136) nachahmt, besitzt wie jene keine Henkelplatten. Der erste uns erhaltene attische Kolonettenkrater mit Henkelplatten ist derjenige des Sophilos (Kat.Nr. A.15; Fig. 11–16, Abb. 33–44). Die Meinung von R. Young, daß die spätgeometrische Platte von der Agora (E. Brann, Agora VIII [1962], 85 Nr. 487, Taf. 29) von einem Kolonettenkrater stamme und diese Gefäßform in Attika früher vorkomme als in Korinth, muß fraglich bleiben, weil ein dazu gehöriges Gefäß nicht vorhanden ist.

198 D. Callipolitis-Feytmans, Les Louteria Attiques (1965), 33 Nr. 2, Taf. 10.

199 D. Callipolitis-Feytmans, a.O., Taf. 6–8.

200 K. Kübler, Kerameikos VI 2 (1970), Taf. 93. Kübler datiert diese Olpe in die neunziger Jahre des 6. Jhs (s. 326).

Figur. Im Verhältnis zu dem ganzen Körper ist die sich nach hinten verjüngende Bauchpartie ziemlich dünn, und die Hinterbeine sind lang gezeichnet. Die dadurch entstandene schräge, leicht gewölbte Bauchlinie und die geschwungene Rückenlinie verleihen diesen Löwen ein elastisches Aussehen. Die Gesichtsmähnen der Löwen sind gleich gezeichnet, und zwar durch eine vom Ohr und eine andere von der Stirn kommende Ritzlinie begrenzt[201].

SOPHILOS UND KX-MALER

Mit den früheren Löwenbildern des Sophilos gelangen wir ferner in die Zeit der frühen Phase des KX-Malers, der den von dem Panthermaler und dem Kerameikosmaler eingeführten Tierfriesstil mit miniaturistischer Tendenz noch am Anfang des 6. Jhs. zur Reife gebracht hat[202]. Die Löwen des KX-Malers auf seinen frühen Gefäßen, nämlich auf der Olpe vom Kerameikos[203], auf der Lekanis in Rhodos[204] und dem etwas späteren Skyphos in Boston[205] weisen die aus langen Zotteln bestehende, die Brustpartie deckende Flammenmähne und auch die wie eine Kette aussehenden Nackenlocken auf, die

Taf. 16
Taf. 11

wir bei den Löwen des Sophilos auf dem Kessel (Abb. 29.30, Fig. 9) und auf der Bauchamphora in Jena (Abb. 21) gesehen haben. Es gibt frühere Versuche, die Lockenkette am Nacken der Löwen wiederzugeben. Der Löwe auf der Amphora des Chimära-Nessos-Malers in London[206] und der Löwe im Innenbild einer Lekanis des Panthermalers aus Vari[207] haben solche Nackenlocken. Sie sind jedoch so eigenartig und anders gezeichnet, daß die Lockenketten am Nacken der Löwen des Sophilos am besten mit denen der Löwen des KX-Malers verglichen werden können. Die Gesichtszüge, besonders die der Rachenpartie der Löwen auf der Olpe des KX-Malers schließen sich denen der oben genannten Löwen des Kerameikosmalers und des Sophilos an.

Die Olpe des KX-Malers, die am Hals eine Lotos-Palmetten-Kette und darunter zwei Tierfriese besitzt, wiederholt das Dekorationsschema der Olpe des Kerameikosmalers[208]. Sowohl die Anordnungsweise der Tiere in den Friesen, als auch die Panther- und Löwenfiguren der beiden Olpai sind miteinander vergleichbar. Außer den gleichen Proportionen des Körpers sind die besonders stark gewölbte und hängende Brustpartie ähnlich. Die Sirenen auf der Olpe des Kerameikosmalers sind kaum von denen auf der Olpe des Panthermalers[209] zu unterscheiden, so daß nicht nur eine überaus enge stilistische Beziehung zwischen diesen Malern, sondern auch die Gleichzeitigkeit dieser Olpai anzunehmen ist. Die Olpe des Panthermalers mit ihrer bauchigen Form, deren Schwergewicht in der unteren Hälfte des Gefäßes liegt, ist als gleichzeitig, mit der Olpe des Gorgomalers aus Vari[210] zu betrachten. Nach den

201 Bei der Zeichnung der Gesichtmähne lehnt sich der Kerameikosmaler an die Löwenbilder des Panthermalers an, vgl. S. Karousou, Angeia tou Anagyrountos I (1963), Taf. 55.58.

202 I. Scheibler, JdI 76, 1961, 25.

203 Diese unpublizierte Olpe ist mir durch die Photos des DAI in Athen bekannt, DAI. Neg.Nr.: KER. 8403, 8404, 8545.

204 AM 62, 1937, Taf. 46.47. J. D. Beazley, ABV 24 Nr. 1.

205 H. Payne, Necrocorinthia (1931), Taf. 52,2.3; J. D. Beazley, ABV 25 Nr. 19.

206 P. Jacobsthal, Ornamente griechischer Vasen (1927), Taf. 7.

207 S. Karousou, Angeia tou Anagyrountos I (1963), Taf.

61; J. D. Beazley, ABV 18 Nr. 5 und Paralipomena 11 Nr. 5.

208 K. Kübler, Kerameikos VI 2 (1970), Taf. 93.

209 ASAtene 8/10, 1946/48, 37ff., Taf. 1.2. Die Olpe wurde dem Kerameikosmaler zugewiesen: J. D. Beazley, ABV 19 Nr. 3. Sie ist m. E. vom Panthermaler bemalt und eines seiner späten Werke. Dazu s. Anm. 151.

210 I. Scheibler, JdI 76, 1961, 4 Abb. 5; J. D. Beazley, ABV 9 Nr. 18. Scheibler hat richtig festgestellt, daß die Olpe des Panthermalers sich zu den früheren Olpen des Gorgomalers gesellt (a.O. 33f.). Die Olpe aus Vari gehört in die Frühzeit des Gorgomalers. Sie ist jedoch nicht das früheste unter den uns erhaltenen Gefäßen des Gorgomalers aus seiner Frühzeit. Auf Grund von neuen, unser Blickfeld erweiternden Publikationen der Keramikfunde, die im Kerameikos und in

Beziehungen zwischen den Werken des Panthermalers, des Kerameikosmalers und des KX-Malers ist zu schließen, daß wir es hier mit einer Stilrichtung zu tun haben, die im späten 7. Jh. der Werkstatt des Panthermalers entspringt und von dem KX-Maler zur Reife gebracht worden ist. Der Kerameikosmaler spielt dabei eine überleitende Rolle zwischen beiden Malern[211]. So sind die späten Werke des Panthermalers, die wohl aus der Wendezeit zum 6. Jh. stammen[212], zeitgleich mit dem Kerameikosmaler, dessen Olpe vom Kerameikos mit der Olpe des KX-Malers, ebenfalls vom Kerameikos, die eines der frühesten Gefäße dieses Malers ist, auf der gleichen Entwicklungsstufe steht.

DER KORFUMALER UND DER GORGOMALER

Die Darstellungen auf den Ausguß-Kesseln des Korfu-Malers (Abb. 179–182)[213] führen uns in die Reifezeit des Gorgomalers[214]. Die Löwen auf dem Teller des Gorgomalers in Boston[215] und die auf dem Ausguß-Kessel des Korfumalers aus Vari stehen in enger Beziehung zueinander. Daß wir uns mit den zwei Gefäßen des Korfumalers noch in der Reifezeit des Gorgomalers befinden, beweisen die Pferde auf dem Kessel aus Korfu. Sie sind mit ihren kräftigen dicken Beinen und kurzen, breiten Köpfen eher mit dem Pferd des Tellers in Boston zu vergleichen als mit denen des Pariser Gorgomaler-Dinos im Louvre[216], den wir zu den spätesten Gefäßen dieses Malers rechnen. Die Palmetten des Lotos-Palmetten-Kreuzes unter dem Ausguß des Korfu-Kessels[217] haben ihre Parallelen auf den Gefäßen des Gorgomalers, die jedoch noch nicht seine spätesten Erzeugnisse sind. Die Palmetten des Lotos-Palmetten-Kreuzes auf der Lekythos in der Sammlung Payne[218], deren Sirene und Füllornamente sicher noch auf der Stufe der Bauchamphora im Louvre stehen[219], hat sauber gezeichnete, breite Blätter und ein auf die Palmette gezeichnetes, doppelkonturiertes einzelnes Blatt, das sich auf den Palmetten des Kessels aus Korfu wiederholt[220]. Die Palmetten des Gorgomalers entwickeln sich ebenso wie sein Stil. Die spätere Stufe seiner Palmettenentwicklung wird durch diejenigen auf der Olpe in Tübingen[221] vertreten. Diese Palmetten bestehen aus dünnen, langen und summarisch gezeichneten Bündeln von Blättern, die uns, wie Scheibler ausdrücklich klargestellt hat, in die Zeit führen, als der KX-Maler und Sophilos tätig waren[222], jedoch in die fortgeschrittenen Phasen dieser Maler. Wenn man das Lotos-Palmetten-Kreuz zwischen den Sphingen der Bauchamphora im Louvre[223] mit dem der Olpe in Tübingen vergleicht[224], so läßt sich feststellen, daß dieses Ornament in der Zeit zwischen beiden Gefäßen eine Entwicklung erlebt hat. Während die Palmetten der Amphora knapp einen Halbkreis bilden und deren Einzelblätter kurz und breit sind, haben die Palmetten der Olpe mehrfach eine ovale

Taf. 85.86

Vari gemacht worden sind, weichen wir von den bisherigen Datierungen der Anfänge des Gorgomalers ab und sehen eine unmittelbare stilistische Beziehung zwischen ihm und dem Nessosmaler, die uns zur Annahme führt, daß die beiden noch im 7. Jh. als Zeitgenossen gearbeitet haben.

211 Der Meinung Scheiblers, daß die Schaffenszeit des Kerameikosmalers sich mit der Frühzeit des Gorgomalers decke, schließen wir uns an (JdI 76, 1961, 24).

212 Zur Datierung des Panthermalers s. K. Kübler, Kerameikos VI 2 (1970), 188.

213 D. Callipolitis-Feytmans, Les Louteria Attiques (1965), 20 Nr. 13, 25f.

214 Zu den Gefäßen der Reifezeit des Gorgomalers s. I. Scheibler, JdI 76, 1961, 19.

215 I. Scheibler, a.O., Abb. 20.29.

216 P. E. Arias – M. Hirmer, A History of Greek Vase Painting (1962), Taf. 36.37; E. Simon-M. und A. Hirmer, Die griechischen Vasen (1976), Taf. 48.

217 D. Callipolitis-Feytmans, a.O., Taf. 7.

218 C. H. E. Haspels, Attic Black-Figured Lekythoi (1936), Taf. 1,3.

219 I. Scheibler, a.O., 15, 17 Abb. 1.2.

220 D. Callipolitis-Feytmans, a.O., Taf. 7.

221 I. Scheibler, a.O., Abb. 7–9.

222 I. Scheibler, a.O., 24.

223 I. Scheibler, a.O., Abb. 2.

224 I. Scheibler, a.O., Abb. 7.8.

Form und dünner, länger gewordene und summarisch gezeichnete Blätter. Daß dieser Wandel nicht zufällig ist, beweisen die Lotos-Palmetten-Kreuze des KX-Malers, die sich ähnlich entwickelt haben. Die Palmette auf dem neu gefundenen Skyphos dieses Malers[225] entspricht mit ihren Formen und Blättern genau den Palmetten auf der Bauchamphora des Gorgomalers im Louvre. Die Palmetten der Lekanis in Rhodos[226] führen uns jedoch in die Nähe der Olpe in Tübingen. Auf den frühen Gefäßen des Sophilos sind uns leider keine Lotos-Palmetten-Kreuze erhalten. Wenn aber die Entwicklungsrichtung dieses Motivs, die auf den erwähnten Gefäßen des Gorgomalers und des KX-Malers zu verfolgen ist, akzeptiert wird, so kommen die entsprechenden Lotos-Palmetten-Kreuze des Sophilos auf denjenigen Gefäßen vor, die der fortgeschrittenen Phase des Malers angehören. So stehen z. B. das Lotos-Palmet-

Taf. 30–33 ten-Kreuz auf seiner Halsamphora aus Marathon (Kat.Nr. A.12) und das auf dem Dinos im Louvre
Taf. 46 (Kat.Nr. A.4; Abb. 83) denen der Olpe in Tübingen[227] und der Lekanis in Rhodos[228] nahe.

SOPHILOS UND DER KORINTHISCHE CHIMÄRA-MALER

Taf. 11.16.19 Die wie eine Kette angeordneten Haarlocken am Nacken der Löwen des Sophilos (Fig. 9.12; Abb. 21.29.35.36) und des KX-Malers[229] kommen in Korinth in einer begrenzten Zeit, nämlich in der Frühphase der mittelkorinthischen Stilstufe vor. Die Löwen und Chimären des korinthischen Chimära-Malers, der mit seinem eigenartigen Stil von dem gleichzeitigen Allgemeinstil in Korinth abweicht, weisen ähnlich gezeichnete Locken auf[230]. Nicht nur diese Lockenkette, sondern auch die mit Doppellinien begrenzte Kragenmähne und auch die Wiedergabe der Haarlocken der Kragenmähne erinnern an den Löwen des Sophilos[231]. Die anderen Stileigenschaften des Chimära-Malers lassen sich mit den attischen vergleichen. So findet das Lotos-Palmetten-Kreuz seines Tellers in Berkeley[232] seine Parallele im Innenbild der Lekanis des Kerameikos-Malers[233]. Besonders auffallend ähnlich sind die langen und gebogenen Blätter der Palmette und die Zeichnung der Kelchblätter von den Lotosblüten. Die antithetischen Pferdeprotomen des Tellers in Palermo[234], deren Mähnenzeichnung an die Pferde des Korfu-Kessels erinnert, wiederholt das Kompositionsschema des Innenbildes der Lekanis des Panthermalers[235]. Die Schaffensperiode des korinthischen Chimära-Malers fällt in die Frühphase der mittelkorinthischen Stilstufe[236]. Wenn man die absolute Zeit dieser Stufe mit Payne'scher Chronologie ausdrücken will, so müssen seine frühen Werke, darunter auch die Lekanis in London[237], zwischen 600–590 entstanden sein.

225 Deltion 19/2, 1964, Taf. 38c (Vierneisel); J. D. Beazley, Paralipomena 19.

226 S. Karousou, AM 62, 1937, Taf. 46.47; vgl. auch I. Scheibler, JdI 76, 1961, 12.

227 I. Scheibler, a.O., 1ff., Abb. 7.8.18.

228 S. Karousou, a.O., Taf. 47.

229 S. Karousou, a.O., Taf. 46.

230 Zum korinthischen Chimära-Maler: P. Lawrence, AJA 63, 1959, 349ff., Taf. 87–92.

231 vgl. die Zeichnung der Gesichtsmähne des Löwen in der Lekanis im Britischen Museum: P. Lawrence, a.O., Taf. 88,7.8.

232 CVA California (1), Taf. 6,4a; P. Lawrence, a.O., 352 Nr. 10.

233 K. Kübler, Kerameikos VI 2 (1970), Taf. 97.

234 P. Lawrence, a.O., 353 Nr. 11, Taf. 88,11.

235 S. Karousou, Angeia tou Anagyrountos I (1963), Taf. 67; P. Lawrence, a.O., 363 Anm. 70.

236 P. Lawrence, a.O., 362.

237 Diese Lekanis ist ein frühes Werk des Chimära-Malers: P. Lawrence, a.O., 350 Nr. 5, Taf. 88,7.8.

Taf. 35.34.81

Mit den Fragmenten Kat.Nr. A.17, A.18 und B.21 befinden wir uns in der Endphase der Formentwicklung der attischen Kotylenkratere[238]. Im Kerameikos wurden mehrere Exemplare dieser Gefäßform ausgegraben, der früheste davon aus dem frühen 7. Jh. stammend[239]. Die große Anzahl von Funden deckt etwa die zweite Hälfte des 7. Jhs. Trotz einer großen Anzahl von Beispielen und der ausführlichen Bewertung des Materials vom Kerameikos blieben wegen des Fehlens der Profilzeichnungen einige Elemente dieser Gefäßform unbeachtet, die die Entwicklungsrichtung des Kotylenkraters verständlich machen könnten[240]. Da wir nur einen kleinen Teil des ganzen Materials am Original sehen konnten und die Tafelabbildungen nicht immer die Feststellung der Formeigenschaften ermöglichen, sei hier die uns aufgefallene Entwicklung eines Elements dargelegt. Dies ist die Gestaltung der Lippe, die sich mit der Zeit entwickelt hat. Bei den früheren Kotylenkrateren ist die Lippe schmal, setzt sich mit einer Kante von der Gefäßwandung ab und steigt einwärts geneigt steil an (Kerameikos Inv.Nr. 99)[241]. Die Lippe der Kotylenkratere aus dem letzten Drittel des 7. Jhs. steigt nicht mehr so hoch wie die früheren Beispiele. Sie beginnt nach innen zu kippen und horizontaler zu werden (etwa Kerameikos Inv.Nr. 129, 152, 801)[242]. Gegen Ende des 7. Jhs. und im frühen 6. Jh. ist sie, wie bei einem Kotylenkrater des Chimära-Nessos-Malers (Kerameikos Inv. Nr. 154)[243], und dem Kotylenkrater des Gorgomalers aus Mounychia im Nationalmuseum von Athen[244] festzustellen ist, nicht hoch gezogen,

238 Zur Form der Kotylenkratere s. J. M. Cook, BSA 35, 1934/35, 186f.; K. Kübler, Kerameikos VI 2 (1970), 157.

239 K. Kübler, a.O., 157.

240 Das Fehlen der Profilzeichnungen in einem Ausgrabungsbericht, dessen Hauptmaterial aus der Keramik besteht, ist ein methodischer Mangel, der durch den Text niemals ersetzt werden kann. Dieser Mangel ist besonders dann ein großer Verlust für die Wissenschaft, wenn das Material fragmentiert – also das Vorhandene nicht mehr fotografisch wiedergegeben werden kann – und noch dazu im Text von den Formentwicklungen die Rede ist.

241 K.Kübler, a.O., 157, Taf. 85.

242 Inv. 129: K. Kübler, a.O., Taf. 78.79.
Inv. 152: K. Kübler, a.O., Taf. 74.75.
Inv. 801: K. Kübler, a.O., Taf. 87.88.
Bei der Datierung des Kotylenkraters Kerameikos Inv. 129 weichen wir von der Datierung Küblers (Kerameikos VI 2, 157) ab, der dieses Gefäß nach den Gräberabfolgen um 580 ansetzt (Kerameikos VI 1, 51ff., Anlage XXXIV, 117). Es ist stilistisch kaum anzunehmen, daß der Kotylenkrater Inv. 129 im frühen 6. Jh. gleichzeitig mit den späten Werken des KX-Malers und des Sophilos, etwa zehn Jahre vor der François-Vase geschaffen ist. Vgl. andererseits Kerameikos VI 2, 375.

243 K. Kübler, Kerameikos VI 2 (1970), Taf. 113; D. Ohly, AM 76, 1961, Beil. 1 und Taf. 1. Nach der Abbildung scheint dieses Gefäß einen horizontalen und glatten Mündungsrand zu haben.

244 J. D. Beazley, ABV 8 Nr. 3; ders., Paralipomena 6 Nr. 3; I. Scheibler, JdI 76, 1961, 19 Nr. 8. Das Gefäß, wie die anderen Beispiele dieser Form zeigen, ist einseitig dekoriert und die Rückseite leer gelassen worden. Das Dekorationsschema des Fußes kommt genau wiederholt auf der Bauchamphora des Gorgomalers im Louvre (J. D. Beazley, ABV 9 Nr. 7; I. Scheibler, a.O., 20 Nr. 11, Abb. 1.2) vor, so daß zwischen den beiden Gefäßen kaum ein zeitlicher Abstand anzunehmen ist. Abweichend vom Datierungsversuch von Scheibler, die auf der Bauchamphora wegen der stilistischen Reife des Gorgomalers den Widerhall der solonischen Reformen sehen will (JdI 76, 1961, 24) und dazu als Unterstützung ihrer Datierung den Spätdatierungsversuch der korinthischen Keramik heranzieht (JdI 76, 1961, 23 Anm. 63 und 25 Anm. 74), möchten wir diese Amphora mit Hopper (BSA 44, 1949, 169 Anm. 27) gegen 600 v. Chr. datieren. Wir besitzen noch eine Reihe von Gefäßen des Gorgomalers, die früher als die Bauchamphora sind. Eines davon ist der Kotylenkraterdeckel vom Nordabhang der Akropolis (Hesperia 9, 1940, 170 Nr. 45, Abb. 16), dessen Tiere sich mit ihrem schweren gedrungenen Körperbau den Tieren des Kotylenkraters in Leipzig (AA 1923/24, 49f., Abb. 2) und denen des Chimära-Nessos-Malers annähern. Auch die Sirenenolpe von der Agora (JdI 76, 1961, 5 Abb. 6) deutet mit ihren Füllornamenten und mit Zickzacklinie wiedergegebenen Haarlocken auf die Zeit des Chimära-Nessos-Males hin (vgl. S. Karousou, Angeia tou Anagyrountos I [1963], Taf. 5). Ebenso besitzt ein Fragment aus Naukratis im Britischen Museum (JHS 49, 1929, Taf. 8 Nr. 7), auf dem die erhaltene Löwentatze (vgl. die Tatzendarstellungen des Gorgomalers: JdI 76, 1961, 1ff., Abb. 5.15) und der Eberkopf (vgl. das Ohr des Ebers mit denen des Gorgomalers: JdI 76, 1961, 1ff., Abb. 5.19) an den Stil des Gorgomalers erinnern, und wahrscheinlich von ihm selbst bemalt worden sind, ältere Füllornamente und als ein frühes Element die noch nicht verdoppelte Schulterlinie des Ebers, die wir auch bei dem Stier

sondern bildet einen in horizontaler Richtung gedehnten und breiten Mündungsrand. Nach der Lippenform gehören die Kotylenkratere des Gorgomalers und des Sophilos zu derselben Entwicklungsstufe dieser Gefäßform. Damit gewinnen wir aber keinen sicheren zeitlichen Anhaltspunkt für die mittlere Zeit des Sophilos. Wegen des Erhaltungszustandes der Kotylenkratere des Sophilos können wir auch die stilistischen und zeitlichen Verhältnisse zwischen den Kotylenkrateren des Gorgomalers und denen des Sophilos nicht feststellen. Wir wissen nur, daß die Kotylenkratere der beiden Maler die Endphase der Entwicklung dieser Form vertreten, die in ihrer Zeit ausstirbt[245]. Die beiden Vasenmaler sind also die letzten, die diese Form bemalt haben, andererseits jedoch die ersten, die eine in das attische Formrepertoire neu eingedrungene Gefäßform, den Dinos, dekoriert haben. Die *Taf. 3.6* zuerst gefundenen zwei Dinoi des Sophilos (Kat.Nr. A.2, A.3), die fragmentarisch und jeweils ohne dazu gehörigen Ständer gefunden wurden, ermöglichen keinen Vergleich mit dem Dinos des Gorgomalers im Louvre[246]. Der neuerdings aufgetauchte Dinos im Britischen Museum weist jedoch (Abb. 1–4), wie schon erwähnt wurde[247], eine verwandte Form und eine ähnliche Dekoration wie der Dinos des Gorgomalers im Louvre auf[248], so daß der zeitliche Abstand zwischen den beiden Dinoi nicht groß sein kann. Das wird auch mit Hilfe der unten behandelten Entwicklung eines pflanzlichen Ornaments bekräftigt. Durch diese zwei Gefäßformen, von denen die eine ausstirbt und die andere neu eindringt, die beide aber im Formenschatz des Gorgomalers und des Sophilos vorhanden sind, gewinnen wir ein Bild davon, was die beiden Vasenmaler etwa in der Zeit zwischen dem Kotylenkrater des Gorgomalers aus Mounychia und dem Dinos im Louvre gleichzeitig gearbeitet haben könnten.

DIE HALSAMPHORA IN FLORENZ

Taf. 25 Von der Form der Halsamphora des Sophilos in Florenz (Kat.Nr. A.11)[249] sind uns zwei weitere Exemplare erhalten. Der Amphorenhals von der Agora, der wahrscheinlich von dem Gorgomaler selbst bemalt ist[250], zeigt dieselbe Gliederung des Mündungsrandes wie die Halsamphora des Sophilos in Florenz[251]. Bei beiden Gefäßen ist die Innenseite der Mündung mit einer Reihe von Vögeln verziert[252]. Die Palmetten des Lotos-Palmetten-Kreuzes auf dem Hals der Amphora von der Agora – verglichen mit

auf dem Leipziger Kotylenkrater wiederfinden (AA 1923/24, 49f., Abb. 2). Es ist hier zu fragen, ob die Fragmente (Hesperia 21, 1959, Taf. 30.d; AJA 44, 1940, 4 Abb. 9; AJA 40, 1936, 305 Abb. 3), mit denen Kübler die Lücke zwischen der Zeit des Chimära-Nessos-Malers und des Gorgomalers zu überbrücken versucht (Kerameikos VI 2, 272f., 326), nicht gleichzeitig mit der späten Phase des Chimära-Nessos-Malers und mit der Frühzeit des Gorgomalers anzusetzen sind. Denn diese Lücke zwischen den beiden Malern entsteht dadurch, daß das 7. Jh. und das 6. Jh. in der Forschung immer wieder als zwei mit dem Datum 600 voneinander scharf getrennte Gebiete untersucht werden. Nach den obigen Vergleichen, die man vermehren kann, scheinen mir der Chimära-Nessos-Maler und der Gorgomaler im letzten Viertel des 7. Jhs. als Zeitgenossen gearbeitet zu haben.

245 Die Form des Gefäßes, das von Karousou als ein Kotylenkrater ergänzt wurde (Angeia tou Anagyrountos I [1963], 45 Abb. 37), bleibt unsicher. Denn das Fragment, das vom Becken des Gefäßes stammen sollte, ist vom Gorgomaler und

die Fragmente des Fußes vom KX-Maler. Diese Fragmente wurden irrtümlicherweise immer als einem Gefäß zugehörig publiziert: B. Graef – E. Langlotz, Die antiken Vasen von der Akropolis zu Athen I (1925), Taf. 18 Nr. 427; S. Karousou, AM 62, 1937, Taf. 56; J. D. Beazley, ABV 27 Nr. 1.

246 P. E. Arias – M. Hirmer, A History of Greek Vase Painting (1962) Taf. 35; E. Simon – M. und A. Hirmer, Die griechischen Vasen (1976), Taf. 47.48.

247 J. Boardman – J. Dörig – W. Fuchs – M. Hirmer, Die griechische Kunst, (1966), 99.

248 Man vergleiche besonders die Gliederung und die Dekoration der beiden Ständer: E. Simon – M. und A. Hirmer, a.O., Taf. 47. mit hier Abb. 1–4.

249 L. Banti, Bd'A 36, 1951, 100 Abb. 7.

250 Hesperia 15, 1946, 128 Nr. 6, Taf. 17; J. D. Beazley, ABV 12 Nr. 26.

251 L. Banti, a.O., Abb. 7.

252 L. Banti, a.O., Abb. 8; Hesperia 15, 1946, Taf. 17,1.

den anderen Lotos-Palmetten-Kreuzen des Gorgomalers – stehen den Palmetten der Olpe in Tübingen nahe[253], die eines der spätesten Gefäße dieses Malers ist[254]. Die andere Halsamphora, die vom Maler der Dresdner Lekanis bemalt ist, wurde in einem Grab mit korinthischen Gefäßen zusammen gefunden[255]. Nach dem Grabinventar, das überwiegend aus den Gefäßen der mittelkorinthischen Phase besteht, datiert Lo Porto diese Amphora um 580 v. Chr.[256].

LOTOS-PALMETTEN-GESCHLINGE

Das Lotos-Palmetten-Geschlinge auf den Gefäßen des Sophilos, des KX-Malers, des Kleitias und deren Zeitgenossen, das aus vier Lotosblüten und vier Palmetten besteht, weist eine gut erkennbare Entwicklung auf.

Dieses Ornament ist nichts anderes als ein abgeschlossener, dreigliedriger Teil jener Lotos-Palmetten-Kette mit zwei nach den Seiten ausgerichteten Palmetten, die auf dem Dinos des Gorgomalers im Louvre unter dem ersten Fries vorkommt[257]. Bei dieser Lotos-Palmetten-Kette hat der Gorgomaler eine neue Anordnungsweise der Lotosblüten und der Palmetten angewendet, die von den gewöhnlichen Lotos-Palmetten-Ketten abweicht. Bei ihr besteht ein Glied aus zwei gegeneinanderstehenden Lotosblüten bzw. Palmetten[258]. Abgesehen von den seitlichen Palmetten ist das Lotos-Palmetten-Geschlinge unter dem Handlungsbild auf dem Dinos des Sophilos im Britischen Museum (Abb. 2) nach demselben Prinzip komponiert wie die Kette unter dem Handlungsbild auf dem Dinos des Gorgomalers im Louvre[259]. Dieses Motiv entwickelt sich in der Zeitspanne zwischen dem Dinos des Gorgomalers und dem Volutenkrater des Kleitias und Ergotimos.

Taf. 1

Die Lotos-Palmetten-Geschlinge auf dem Dinos des Sophilos im Britischen Museum (Abb. 2), auf dem Skyphos des KX-Malers in Boston[260], auf dem Lebes Gamikos aus Smyrna (Abb. 82) und auf der Halsamphora aus Marathon (Abb. 57) bilden eine Gruppe, die etwa auf der Stufe der Lotos-Palmetten-Kette auf dem Dinos des Gorgomalers steht.

Taf. 45
Taf. 32

Die nächste Stufe der Entwicklung wird durch den im Kerameikos ausgegrabenen Skyphos aus dem Umkreis des KX-Malers[261] und den Kelch des Sophilos aus Vourva (Abb. 103) vertreten. Die Lotosblüten des Geschlinges auf diesen beiden Gefäßen sind schlanker geworden und in der Länge gewachsen. Die Palmetten sind nicht mehr halbkreisförmig, sondern bilden schon eine U-Form. Das Lotos-Palmetten-Geschlinge zwischen zwei Sphingen auf der Schale des KX-Malers aus Samos[262] bildet eine weitere Etappe der Entwicklung und spielt mit seinen langen, noch schlanker gewordenen Lotosblüten und Palmetten eine verbindende Rolle zwischen den Lotos-Palmetten-Geschlingen der vorherigen Stufe[263] und denen auf dem Volutenkrater des Kleitias und des Ergotimos, deren Palmetten nun die Vorläufer der Henkelpalmetten der Kleinmeisterschalen darstellen[264].

Taf. 57

253 JdI 76, 1961, 6 Abb. 7.8.

254 I. Scheibler, JdI 76, 1961, 20 Nr. 18.

255 ASAtene 21/22, 1959/60, 180ff., Nr. 23; J. D. Beazley, ABV 21 Nr. 2.

256 ASAtene 21/22, 1959/60, 183.

257 E. Simon – M. und A. Hirmer, Die griechischen Vasen (1976), Taf. 48.

258 Ein Glied der gewöhnlichen Lotos-Palmetten-Kette besteht aus einer stehenden Lotosblüte und einer hängenden Palmette bzw. umgekehrt, vgl. hier Abb. 21.69.

259 E. Simon – M. und A. Hirmer, Die griechischen Vasen (1976), Taf. 47.48.

260 H. Payne, Necrocorinthia (1931), Taf. 52,3; AM 62, 1937, Taf. 59.

261 K. Kübler, Kerameikos VI 2 (1970), Taf. 101.

262 AM 53, 1929, Taf. 4.

263 Auch Payne, Necrocorinthia, 344.

264 vgl. etwa die Henkelpalmetten der Schalen des Tleson: AJA 66, 1962, Taf. 66.

Das Lotos-Palmetten-Geschlinge, das schon innerhalb der Schaffensperiode des KX-Malers drei Ent-wicklungsphasen aufweist[265], zeigt uns, daß dieses Motiv kein stagnierendes Element ist. Nach dieser Entwicklungsreihe dürfen wir annehmen, daß der Skyphos des KX-Malers in Boston und der Dinos des

Taf. 1.2   Sophilos im Britischen Museum (Kat.Nr. A.1; Abb. 1–4) etwa gleichzeitig und – wie ein Vergleich von Palmetten zeigt – von dem Dinos des Gorgomalers nicht weit entfernt sind[266].

SOPHILOS UND KLEITIAS

Aus dem oben besprochenen Lotos-Palmetten-Geschlinge auf dem Dinos im Britischen Museum, das am Anfang der Entwicklung dieses Motivs steht, und denen des Volutenkraters von Kleitias, die die letzte Entwicklungsstufe bilden, läßt sich schließen, daß zwischen beiden Gefäßen ein zeitlicher Abstand anzunehmen ist. Weitere Elemente bei den Tierdarstellungen auf dem Volutenkrater unter-stützen diese Annahme. So haben sämtliche Tierfiguren auf dem Krater des Kleitias eine aus einer einzelnen Ritzlinie bestehende Schulterblattzeichnung[267], die auch auf den Gefäßen der tyrrhenischen Gattung zu finden ist[268]. Die nicht konturierten Kragenmähnen der Löwen[269] stellen ein weiteres spätes Element dar, das auf die zeitliche Entfernung vom Erskine-Dinos hindeutet. Die in dieser Weise wiedergegebenen Kragenmähnen von Löwen kommen z. B. bei den Löwen des Heidelberg-Malers[270] und seiner Zeitgenossen vor[271].

Bei den Sphingen auf dem Volutenkrater des Kleitias fallen einige Eigenschaften auf, die über die Zeit der eigenhändigen Gefäße des Sophilos hinausgehen. Eine davon ist die weiße Bemalung der Gesichter der Sphingen, die wiederum erst auf diesem Gefäß[272] und auf den Gefäßen der tyrrhenischen Gattung[273] in Erscheinung tritt. Weder von Sophilos noch von seinen Zeitgenossen besitzen wir Sphingen, die weiß bemalte Gesichter aufweisen[274]. Die wie Schuppen aussehenden Federn auf der

---

265 Die Entwicklung geht vom Skyphos in Boston (H. Payne, Necrocorinthia, Taf. 52,3) über den Skyphos vom Kerameikos (Kerameikos VI 2, Taf. 101) zur Schale aus Samos (AM 54, 1929, Taf. 4).

266 Wenn man die Palmetten der Kette auf dem Bauch des Dinos (Simon – Hirmer, a.O., Taf. 47.48) mit den Palmetten des Lotos-Palmetten-Kreuzes auf der Bauchamphora im Louvre (JdI 76, 1961, 2 Abb. 1.2) vergleicht, ist festzustel-len, daß sie eher den Palmetten auf der Olpe in Tübingen (JdI 76, 1961, 6 Abb. 7.8) näherstehen als denen der Bauch-amphora.

267 A. Minto, Il Vaso François (1960), Taf. 31.32.

268 vgl. etwa die tyrrhenische Amphora in München (CVA [7], Taf. 314.315). Einige Tiere auf einer weiteren tyrrhenischen Amphora in München (CVA [7], Taf. 311.312), die von Timiades-Maler bemalt ist und am Anfang der ganzen Gattung steht, weisen verdoppelte Schulter-blattkontur auf, während bei den anderen Tieren auf diesem Gefäß das Schulterblatt mit einer einzelnen Linie begrenzt ist.

269 A. Minto, a.O., Taf. 31.32.

270 So auf einer späten Schale des Heidelberg-Malers in Tarent (ASAtene 21/22, 1959/60, 218 Abb. 194). Die Löwen auf einer Schale desselben Malers aus Pitane, die älter als die Schale in Tarent ist, weisen in dieser Weise wiedergegebene Gesichtsmähnen auf.

271 Auch die Löwen auf einigen tyrrhenischen Amphoren haben solche Gesichtsmähnen (vgl. etwa CVA München [7], Taf. 319). Vgl. auch die Mähnen der Löwen auf der Amphora aus Rhodos (Clara Rhodos 3, 228f., Abb. 225.226) und die Amphora von der Agora (Hesperia 7, 1938, 373, Abb. 7). Die beiden Gefäße stehen auf der Stufe des Camtar-Malers (AntK 2, 1959, 1ff., Taf. 1–4), dessen frühe Werke um 570 zu datieren sind.

272 A. Minto, Il Vaso François (1960), Taf. 23.31.

273 vgl. CVA München (7), Taf. 311ff.

274 Auf dem Kolonettenkrater des neu identifizierten Xanthos A 6.3444-Malers (J. D. Beazley, Paralipomena 18 Nr. 1), der einigermaßen den Stil des Sophilos reflektiert, befinden sich Sphingen mit weiß bemalten Gesichtern. Die-ses Gefäß kann jedoch nach seinen Tierfiguren kaum früher als die François-Vase geschaffen worden sein.

Brust der Sphingen und Greifen und das Grätenmuster auf den Hinterschenkeln[275] sind weitere spätere Elemente, die auch bei den Werken des Lydos zu finden sind[276].

Nach diesen Elementen und den Lotos-Palmetten-Geschlingen des Volutenkraters, die völlig anders als die entsprechenden auf dem Dinos des Sophilos im Britischen Museum sind, sehen wir keine stilistische Verbindung zwischen Sophilos und Kleitias.

Zwischen diesen Malern besteht nur eine Verbindung, nämlich die, daß sie beide die Hochzeit von Peleus und Thetis dargestellt haben. Das erlaubt jedoch keinesfalls zu sagen, daß beide aus derselben Werkstatt stammten und das Thema voneinander gelernt hätten[277]. Wie aus einem Vergleich der drei Darstellungen der Hochzeit von Peleus und Thetis hervorgeht, weichen die Darstellungen des Sophilos und des Kleitias in mehreren Punkten voneinander ab. Ob die Hochzeitdarstellungen beider Maler auf ein Vorbild in der Malerei zurückgehen, ist fraglich. Daß dieses Vorbild, wie Dörig vermutet hat[278], ein vom Gorgomaler geschaffenes Gemälde sein könne, hat keinen festen Anhaltspunkt.

Nach den oben erwähnten Elementen – und auch nach der Entwicklung des Lotos-Palmetten-Ge- *Taf. 1.2*
schlinges – auf dem Volutenkrater des Kleitias, die keine stilistische Verbindung zu der Zeit der eigenhändig bemalten Gefäße des Sophilos aufweisen, datieren wir den Dinos des Sophilos (Kat.Nr. A.1) früher als den Krater des Kleitias. Nach der heute allgemein akzeptierten Datierung des Voluten-kraters in Florenz[279], die auch in dieser Arbeit als ein Markstein der Chronologie um 570/565 v. Chr. der attischen Vasenmalerei angenommen wird, setzen wir den Erskine-Dinos um 580 v. Chr.[280].

Erst mit den späteren Gefäßen aus dem Umkreis des Sophilos gelangen wir in die Zeit des Volutenkra- *Taf. 76–78*
ters von Ergotimos und Kleitias. Die beiden Kolonettenkratere in Aegina (Kat.Nr. B.12; Abb. 148–153, Fig. 40–41) und im Louvre (Kat.Nr. B.13; Abb. 165–168), der fragmentierte Dinos aus Gortyn (Kat.Nr. *Taf. 80.81*
B.2; Abb. 158–160) und die fragmentierte Bauchamphora von der Athener Agora (Kat.Nr. B.11; Abb. *Taf. 79*
154–156) haben Tierfiguren, die mit einer einzelnen Linie geritzte Schulterblatzeichnungen aufwei-sen. Diese gemeinsame Eigenschaft erlaubt die in Rede stehenden Gefäße frühestens in die Zeit der früheren tyrrhenischen Amphoren anzusetzen[281], und sie stehen der Zeit des Volutenkraters näher als die von Sophilos eigenhändig bemalt angenommenen Gefäße. Die zeitliche Stelle der Fragmente von der Athener Akropolis (Kat.Nr. B.20; Abb. 169), deren Sphingen weiß bemalte Gesichter haben, ist *Taf. 83*
wieder in der Zeit der tyrrhenischen Amphoren und der François-Vase zu suchen. Auch die vertikale Doppelpalmetten-Kette weist darauf hin[282]. Die auf zwei Voluten stehende Palmette läßt für den Kolonettenkrater im Louvre (Kat.Nr. B.13; Abb. 165–168) eine fortgeschrittene Zeit in der zweiten *Taf. 82*
Hälfte des 6. Jhs. feststellen[283]. Aus der obigen Diskussion ergibt sich die folgende Zeittabelle für die mit Sophilos in Verbindung gebrachten Gefäße:

ca. 600–590	Gefäße der frühen Phase
590–580	Gefäße der mittleren Phase
580– vor 570	Gefäße der späten Phase
kurz vor 570– ca. 560	spätere Gefäße aus dem Umkreis des Sophilos

275 A. Minto, a.O., Taf. 31.32.
276 A. Rumpf, Sakonides (1937), Taf. 2; J. D. Beazley, ABV 110, Nr. 32.
277 Vgl. J. Dörig in Boardman – Fuchs – Dörig – Hirmer, Die griechische Kunst (1966), 99.
278 J. Dörig, a. O. 99.
279 J. D. Beazley, The Development of Attic Black-Figure (1964), 26.
280 Auch A. Birchall datiert diesen Dinos um 580: BMQ 36, 1972, 107.
281 G. Bakır, AA 1978, 40f.; ders., Berlin F 1659 Ressamı (s. o. Anmerkung 130), 73ff.
282 Doppelpalmetten-Ketten sind ein beliebtes Motiv des Greifenvogel-Malers, der im zweiten Viertel des 6. Jhs. tätig war. s. seine Schale in Tarent, J. D. Beazley, ABV 72 Nr. 17.
283 Zu den Henkelpalmetten des 2. Viertels des 6. Jhs. s. G. Bakır, Berlin F 1659 Ressamı (s. o. Anmerkung 130), 73ff.

Allgemeines

Nach den uns erhaltenen Signaturen des Sophilos ist nicht ganz klar zu erkennen, ob er auch der Töpfer seiner Gefäße war. Wir sind hier auf die von ihm bemalten Gefäße selbst angewiesen. Da diese aber zum Teil fragmentarisch erhalten sind und vor allem die Gefäße der gleichzeitigen Vasenmaler noch nicht ausführlich bearbeitet wurden, dürfen wir aus den wenigen an seinen Gefäßen gewonnenen töpferischen Merkmalen nicht mit Sicherheit schließen, daß die von ihm bemalten Gefäße auch von ihm selbst getöpfert wurden.

Als eigenhändige Werke des Malers wurden in dieser Arbeit diejenigen Gefäße angesprochen, die einerseits durch Signaturen und andererseits durch die von signierten Gefäßen gewonnenen Stilkriterien gesichert sind. Diese Gefäße ordnen sich nach ihren stilistischen Eigenschaften in Gruppen ein, die jeweils eine Entwicklungsphase im Stil des Malers darstellen. Die innere Entwicklung des Malers läßt sich aufgrund einiger Gefäßformen, Stilmerkmale und neu eindringender oder absterbender Elemente mit der Entwicklung des allgemeinen Zeitstils der attischen Vasenmalerei synchronisieren. So gelangen wir über den Kolonettenkrater in Athen und über die Ausguß-Kessel aus Korfu und Vari, die die Werke ein und desselben Malers und gleichzeitig mit dem Ausguß-Kessel des Sophilos aus Phokaia sind, mit den frühen Gefäßen des Sophilos in die Reifezeit des Gorgomalers. Aus dieser Zeit sind auch die frühesten Werke des KX-Malers, darunter die unpublizierte Olpe vom Kerameikos, die sicherlich auf der Stufe der Olpe des Kerameikosmalers (Kerameikos VI,2 Taf. 93) steht. Mit den in Attika und in Korinth parallel zueinander in Erscheinung tretenden Elementen setzen wir die frühen Gefäße des Sophilos etwa gleichzeitig mit den frühen Werken des korinthischen Chimära-Malers an, d. h. gleichzeitig mit der Frühzeit der mittelkorinthischen Phase. In dieser Zeit sind auch die späteren Werke des Kerameikosmalers und des Panthermalers entstanden.

Die gesicherten späten Gefäße des Sophilos sind nach den hier behandelten Elementen früher als die François-Vase anzusetzen, die um 570/565 geschaffen ist. So z. B. steht das Lotos-Palmetten-Geschlinge auf dem Erskine-Dinos am Anfang der Entwicklung dieses Motivs, während diejenigen auf der François-Vase das letzte Glied der frühen Entwicklungsreihe von Lotos-Palmetten-Geschlingen darstellen. Sicherlich bildet das Jahr 580 v. Chr., das wir für die Zeit des Erskine-Dinos vorschlagen, kein absolutes Datum. Damit möchten wir jedoch demonstrieren, daß zwischen dem Erskine-Dinos und dem Volutenkrater des Kleitias ein zeitlicher Abstand anzunehmen ist. Aufgrund der darauf befindlichen Lotos-Palmetten-Geschlinge sehen wir die Schale des KX-Malers aus Samos zwischen dem Dinos des Sophilos im Britischen Museum und dem Volutenkrater in Florenz.

Wenn man das Gesamtwerk des Sophilos betrachtet, so ist er in erster Linie ein Tierfriesmaler. Abgesehen von den Pinakes in der Sammlung Vlastos, die naturgemäß keine Tierfiguren aufweisen, sind auf seinen Gefäßen immer wieder Tierfiguren und Tierfriese vorhanden. In der Reifezeit des Malers verraten die Tierdarstellungen auf seinen Gefäßen den Tieren der Frühzeit gegenüber eine eindeutige Detailvereinfachung und flüchtige Zeichnung. Durch diese Gefäße gelangen wir jedoch zu anderen Gefäßen des Sophilos, bei denen er in dieser Phase hauptsächlich auf das Handlungsbild Wert legt und die Tierdarstellungen nunmehr für ihn ein untergeordnetes Dekorationselement sind. Das gilt auch für die Gefäße dieser Zeit, die nur mit Tierfiguren verziert wurden. So sind es z. B. die Pyxis in Boston und die Halsamphora in Florenz, auch die Halsamphora aus Marathon.

60

Die Reifezeit des Sophilos entspricht jener Phase der attischen Vasenmalerei, in der der Tierfriesstil seinen Höhepunkt hinter sich hat und schon zu stagnieren beginnt. In der nächsten Generation wird dieser Stil in Attika bis auf die tyrrhenischen Amphoren für immer verschwinden. In seiner Reifezeit hat unser Maler neben der immer noch beherrschenden Tierfriesmalerei mit seinen mehrfigurigen und farbig erzählenden Darstellungen für eine neue Stilrichtung den Anstoß gegeben, die dann den allgemeinen Zeitstil der nächsten Generation bildet.

Er hat ferner mit seinen Handlungsbildern neue Ausdruckselemente eingeführt. So kommt z. B. die inzwischen in der attischen Vasenmalerei vergessene Konturzeichnung bei seinen Frauenfiguren wieder vor. Obwohl in Attika die Konturenzeichnung eine alte Eigenschaft der Vasenmalerei ist und bis in die Zeit des Malers von Berlin A34 und des Chimära-Nessos-Malers vorhanden war, setzen die Werke des Gorgomalers und des KX-Malers diese Eigenschaft nicht fort. Auch die weißen Pferde und die weiß bemalten und reichlich verzierten Chitone auf den Gefäßen des Sophilos in der Reifezeit sind neu in der attischen Vasenmalerei. Eine weitere von ihm eingeführte Neuerung sind die Gruppen von nebeneinander stehenden Frauen, die gestaffelt gezeichnet sind. Dieses Element ist ein verbreitetes Motiv in der korinthischen Drei-Mädchen-Gruppe, die in der ersten Hälfte der mittelkorinthischen Phase – kurz nach dem Eurytios-Krater – auftaucht und bis in die spätkorinthische Phase dauert. Es scheint, daß Sophilos bei seinen Handlungsbildern in einigen Punkten von der korinthischen Vasenmalerei der Zeit inspiriert wurde. Er ist aber kein Nachahmer der korinthischen Vorbilder. Bei seinen Darstellungen sollte man eher von Adaption einiger korinthischer Elemente sprechen.

In dieser Arbeit sind die Gefäße aus Vourva als Marksteine der Grenze zwischen dem eigenen Stil des Sophilos und dem Stil, der auf den Gefäßen der späteren Gruppe seines Umkreises herrscht, angenommen. Die auf den letzteren vorkommenden Elemente, wie weiße Gesichter der Sphingen, die vertikale Doppelpalmetten-Kette, das mit einer einzelnen Linie gezeichnete Schulterblatt und die Henkelpalmette, sind bis jetzt auf den gesicherten Werken des Sophilos nicht belegt. Diese Elemente, die zeitlich in das zweite Viertel des 6. Jhs. gehören, treten ferner mit einigen Details zusammen in Erscheinung, welche dem Sophilos wieder nicht eigentümlich sind. Infolgedessen kann hier von einer flüssigen Stilentwicklung von den als eigenhändig angenommenen Werken des Sophilos zu den späteren Gefäßen aus seinem Umkreis nicht gesprochen werden.

Anhang:
Ein Töpferkniff beim Akropolis-Dinos

Taf. 89.90   Eine Untersuchung des fragmentierten Dinos des Sophilos von der Athener Akropolis (Kat.Nr. A.2) läßt feststellen, daß die Bruchkanten der Fragmente seltsame Spuren tragen. An der oberen Kante des
Taf. 3.90   Fragments ›i‹ (Abb. 5, 193) ist ein in der Wandung eingebettetes rinnenartiges Gebilde zu sehen, das an der Außenfläche des Fragments entlang läuft, ohne mit ihr in Berührung zu kommen. Die Rinne selbst weist wiederum merkwürdige Anzeichen auf, als wäre sie durch das Ziehen eines faserigen Gegenstandes durch den feuchten Ton entstanden. Wenn man die Kanten der anderen Fragmente betrachtet, wird in entsprechender Höhe die Fortsetzung dieses Gebildes festgestellt. Aber in diesem Fall, da die Scherben an diesem Niveau nicht abgebrochen sind, sieht es in der Wandung wie ein
Taf. 3.89.90   Tunnel aus[284] (Fragment ›d‹, Abb. 5.187.188.191; Fragment ›e‹, Abb. 189.190), dessen Vorhandensein nicht auffiele, wenn dieser Dinos intakt erhalten wäre. Nach diesen Spuren, die an sämtlichen Fragmenten immer in derselben Höhe zum Vorschein kommen, steht fest, daß einst in Brusthöhe der Figuren im Fries mit der Darstellung der Hochzeit von Peleus und Thetis ein hohler, wie ein Tunnel aussehender Raum um das Gefäß herumlief, ohne von außen gesehen zu werden. Es ist nicht die einzige Stelle auf dem Dinos, wo solch ein hohler Raum in der Wandung zu finden ist. Die Rinne an der
Taf. 3.90   oberen Kante des Fragments ›i‹ (Abb. 5.193) zeigt, daß ein zweiter in Höhe der Lotos-Palmetten-Kette über dem Hochzeitfries lief. Es wird im folgenden klar, daß auch die verlorengegangenen Teile dieses Gefäßes solche hatten.

Warum in der Wandung des Akropolis-Dinos diese hohlen Räume eingelassen wurden, wäre nicht ohne weiteres zu klären, könnten wir uns heute nicht auf die ausführlichen Beobachtungen von R. Hampe und A. Winter stützen, deren gemeinschaftliche Untersuchungen uns ein unübertreffliches Bild von der antiken Keramik-Technik bieten[285]. Sie haben bei den Pithostöpfern auf Kreta neben vielem anderen auch einen Arbeitsvorgang beobachtet, welcher uns jetzt den Sinn dieser hohlen Räume in der Wandung des Akropolis-Dinos erklärt: ».. . Aber was wir dann beobachteten, war ein Werkvorgang, den man dem fertigen Gebilde nicht mehr ansehen kann, den man mit eigenen Augen gesehen haben muß, um ihn zu glauben und zu begreifen, wie es möglich ist, so große Tongefäße an einem Tag hochzuziehen, ohne daß sie reißen: Als der Tonwulst aufgelegt und beigestrichen war, drückte der Meister eine Schnur an die frische Tonwand und ließ sie, bei drehender Scheibe, unter den Wulstring mehrmals einlaufen. Dann erst wurde der aufgesetzte Tonwulst, mit Tendenz nach innen, hochgezogen, bis die Wandung etwa senkrecht stand. Nun wurde die Schnur, bei drehender Scheibe, wieder abgezogen; die Einlaufspuren der Schnur werden mit dem Formholz abgeglättet, sie sind daher beim fertigen Gebilde nicht mehr sichtbar. Nach einer kurzen Weile des Anziehens wurde die Wandung dann zur gewünschten Form geweitet. Dieser Vorgang wiederholt sich von Stockwerk zu Stockwerk . . .«[286]. Aus den obigen Zeilen von R. Hampe und A. Winter geht ganz klar hervor, daß es

---

284   Diese mit Erde gefüllten Tunnels in der Wandung wurden erst nach der Reinigung der Scherben sichtbar. Vgl. Abb. 5e mit Abb. 190.
285   R. Hampe – A. Winter, Bei Töpfern und Töpferinnen in Kreta, Messenien und Zypern (1962), dies., Bei Töpfern

und Zieglern in Süditalien, Sizilien und Griechenland (1965).
286   R. Hampe – A. Winter, Bei Töpfern und Töpferinnen in Kreta, Messenien und Zypern (1962), 30, Taf. 6; R. Hampe, AA 1962, 818f., Abb. 6.7.

62

sich bei den seltsamen Spuren auf den Fragmenten des Dinos von Sophilos um die Einlaufspuren der Schnur handelt, die nach dem Abziehen der Schnur an der Oberfläche abgeglättet wurden, aber in der Wandung als ein tunnelartiges Gebilde geblieben sind. Dieser Kniff hatte, wie den heutigen Pithostöpfern auf Kreta, auch dem Töpfer des Akropolis-Dinos die Möglichkeit gegeben, sein Gefäß in möglichst kurzer Zeit hochzuziehen und anzufertigen, ohne zu fürchten, daß sein noch feuchtes Werk unter dem Gewicht der oberen Stockwerke deformiert werde oder reiße.

Kataloge

A) EIGENHÄNDIGE WERKE DES SOPHILOS

DINOI

A.1 London, Britisches Museum, Inv.Nr.: 1971.11-1.1. Früher in der Sammlung Erskine. H mit Ständer 71 cm.

Im ersten Fries: Götterzug zur Hochzeit von Peleus und Thetis. Palast und ΣΟΦΙΛΟΣ:ΜΕΓΡΑΦΣΕΝ, Peleus; Iris; Hestia ΗΕΣΤΙΑ und Demeter ΔΕ[ΜΕΤΕΡ]; Chariklo ΧΑΡΙϘΛΟ und Leto ΛΕΤΟ; Dionysos ΔΙΟΝΥΣΟΣ und Hebe ΗΕΒΕ; Chiron ΧΙΡΟΝ; Themis ΘΕΜΙΣ; drei Nymphen ΝΥΦΑΙ; erster Wagen: Zeus ΖΕΥΣ und Hera ΗΕΡΑ, drei Horen ΗΟΡΑΙ; zweiter Wagen: Poseidon ΠΟΣΕΙΔΟΝ und Amphitrite ΑΜΦΙΤΡΙΤΕ, drei Chariten ΧΑΡΙΤΕΣ; dritter Wagen: Ares ΑΡΕΣ und Aphrodite ΑΦΡΟΔΙΤΕ, fünf Musen ΜΟΣΑΙ; vierter Wagen: Hermes ΗΕΡΜΕΣ und Apollon [ΑΠ]ΟΛΟΝ, drei Musen ΜΟΣΑΙ; fünfter Wagen: Artemis ΑΡΤΕΜΙΣ und Athena ΑΘΕΝΑΙΑ, drei Frauen (vielleicht Moiren) [ΜΟ]ΙΡΑΙ; Okeanos ΟΚΕΑΝΟΣ, Tethys ΘΕΘΥΣ und Eileithyia ΗΙΛΕΘΥΑ; Hephaistos ΗΕΦΑΙΣΤΟΣ.

Im zweiten Fries: Lotos-Palmetten-Geschlinge zwischen Sirenen und Panthern; Eber (l.) Löwe (r.); Hirsch (l.) Panther (r.); Löwe (l.) Widder (r.).

Im dritten Fries: Sirene (l.); Ziege (l.) zwischen einem Löwen und einem Panther; Sirene (l.); Löwe (r.) Ziege (l.); zwei antithetische Sirenen; Panther (l.);

Im vierten Fries: Zwei antithetische Sirenen zwischen einem Löwen und einem Panther; zwei antithetische Sirenen; Panther (l.), Gans (r.), Ziege (l.);

Auf dem Mündungsrand: Lotos-Palmetten-Kette.
Auf dem Ständer fünf Friese:
1) Lotos-Palmetten-Kette.
2) Zwei antithetische Sirenen zwischen zwei Panthern; eine Gans (l.).
3) Ziege (l.) zwischen zwei Löwen; Sirene (l.).
4) Hermes zwischen Sirenen; zwei antithetische Sirenen zwischen einem Löwen und einem Panther.
5) Ein kleiner Vogel zwischen zwei antithetisch hockenden Panthern, zwei Ziegen, zwei Sirenen und zwei Panthern.

Rote Umrisse.

P. E. Arias-B.B. Shefton-M. Hirmer, A History of Greek Vase Painting (1962), 285, 292; P. Zanker, Wandel der Hermesgestalt in der attischen Vasenmalerei (1966), Taf. 3a; J. D. Beazley, Paralipomena, 19 Nr. 16 bis (Sophilos); A. Birchall, The British Museum Society Bulletin, Nr. 10, June 1972, 13–14; dies., BMQ 36, 1972, 107–110, Taf. 34–37; J. Boardman, Athenian Black Figure Vases (1974), 18–19, Abb. 24; M. Robertson, Handbook of Greek Art (1975), 127, Taf. 35a; B. F. Cook, Greek and Roman Art in the British Museum (1976), 48 Abb. 37; J. Boardman, Schwarzfigurige Vasen aus Athen (1977), 21, Abb. 24; M. B. Moore, Horses of Black-Figured Greek Vases of the Archaic Period: ca. 620–480 B. C. (1972), 25 Nr. A.91.

Hier Abb. 1–4.

A.2 Athen, Nationalmuseum, Inv.Nr.: Akr. 587. Zehn Fragmente von der Akropolis zu Athen. H des ersten Frieses 8,5 cm.

Im ersten Fries: Götterzug zur Hochzeit von Peleus und Thetis. Erhalten: (Palast, ΣΟΦΙΛΟΣ ΕΓΡΑΦΣΕΝ; Reste von Okeanos und dem Maulesel von Hephaistos) (Peleus) (Iris; Hestia

HEΣTIA und Demeter ΔΕΜΕΤΕΡ; Leto ΛΕΤΟ und Chariklo ΧΑΡΙϘΛΟ) (erster Wagen: Zeus und Hera ΗΕΡ[Α] (zweiter Wagen: Poseidon ΠΟΣΕ[ΙΔΟΝ] und Amphitrite ΑΝ[ΦΙΤΡΙΤΕ]; Schöpfe und Füße der Pferde des dritten Wagens) (drei Nymphen von der Gruppe zu fünf ΝΥΣΑΙ – wohl für ΝΥΦΑΙ – s. oben Kat.Nr. A.1) (Reste der Kleidung und eines Wagens; Vorderteile der Pferde des vierten Wagens) (Okeanos und Hephaistos). Über dem Fries: Lotos-Palmetten-Kette.

Im zweiten Fries: Tiere (erhalten sind die Rückenborsten von zwei Ebern und Flügel einer Sirene).

Rote Umrisse

K. D. Mylonas, Ephem 1, 1883, 37; B. Graef-E.Langlotz, Die antiken Vasen von der Akropolis zu Athen I (1925) 64 Nr. 587, Taf. 26; S. Karousou, AM 62, 1937, 133 Nr. 23, Taf. 51; M. Heidenreich, MdI 5, 1952, 134–140; J. D. Beazley, ABV 39 Nr. 15 (Sophilos); J. Boardman, BSA 53/54, 1958/59, 155 Anm. 7; Hirmer Photoarchiv, Nr. 624-4015/16; M. B. Moore, Horses on Black-Figured Greek Vases of the Archaic Period: ca. 620–480 B. C. (1972), 25 Nr. A 88; J. Boardman, Schwarzfigurige Vasen aus Athen (1977), 21, Abb. 25.1,2.
Hier Abb.5–9, 187–194.

A.3 Athen, Nationalmuseum, Inv.Nr.: 15499. Aus Pharsalos. Ergänzte H ca. 30 cm., Dm der Mündung 31,5 cm.

Im ersten Fries: Leichenspiele zu Ehren des Patroklos. (Erhalten sind die Tribüne mit Zuschauern, zwei Pferde eines Viergespanns und die Hand des Achilleus).
ΣΟΦΙΛΟΣ˙ΜΕΓΡΑΦΣΕΝ
ΠΑΤΡΟϘΛΥΣ˙ΑΤΛΑ
Über den Pferden: Reste der Beischrift des Wagenlenkers].ΟΣ. Rechts von der Tribüne: ΑΧΙΛΕΣ.
Im zweiten Fries: (Lotos-Palmetten-Geschlinge, rückwärts schauender Löwe nach l.) (Ziege oder Reh nach l.).
Im dritten Fries: (Zwei antithetische Sirenen) (Panther nach r., Reh nach l.; Löwe oder Panther nach r.).

Im vierten Fries: (Sirene nach l.; Löwe oder Panther nach r.)
Auf dem Mündungsrand: (Zwei antithetische Sirenen; Ziege nach l. zwischen einem Löwen und einem Panther).
Rote Umrisse

Y. Béquignon, MonPiot 33, 1933, 42–66, Taf. 6; S. Karousou, AM 62, 1937, 134 Nr. 31, Taf. 52.53; J. D. Beazley, ABV 39 Nr. 16 (Sophilos); P. E. Arias-M. Hirmer, Tausend Jahre griechischer Vasenkunst (1960) 36, Taf. 39; dies., A History of Greek Painting (1962), 258–86, Taf. 39; Hirmer-Photoarchiv, Nr. 624.4014; K. Friis-Johansen, The Iliad in Early Greek Art (1967), 87ff.; M. B. Moore, Horses on Black-Figured Greek Vases of the Archaic Period: ca. 620–480 B. C. (1972), 25 Nr. A 89; J. Boardman, Athenian Black Figure Vases (1974), 19, Abb. 26; E. Simon-M. Hirmer, Die griechischen Vasen (1976), 69, Taf. 50; J. Boardman, Schwarzfigurige Vasen aus Athen (1977), 21, Abb. 26.
Hier Fig. 1–5, Abb. 10–14.

A.4 Paris, Musée du Louvre, Inv.Nr.: E 873 (Campana 49). Aus Etrurien.
H 29 cm., Dm der Mündung 25 cm.

Im ersten Fries: Viergespann in der Voderansicht zwischen zwei Männern und zwei Sirenen, einem Löwen und einem Panther; ein fliegender Adler (l.); Lotos-Palmetten-Kreuz zwischen zwei Löwen; antithetische Eber.
Im zweiten Fries: Lotos-Palmetten-Kreuz zwischen zwei Ebern, einem Löwen und einem Panther; antithetische Sirenen zwischen einem Panther und einem Widder; antithetische Sirenen.
Im dritten Fries: Antithetische Sirenen zwischen zwei Panthern; antithetische Sirenen; Panther zwischen zwei Ebern; ein Vogel.
Auf dem Mündungsrand: Rosetten.
CVA Paris, Musée du Louvre (2), Taf. 14; S. Karousou, AM 62, 1937, 118, 134 Nr. 34; J. D. Beazley, ABV 39 Nr. 12 (Sophilos); J. Boardman, BSA 53/54, 1958/59, 155 Anm. 7; M. B. Moore, Horses on Black-Figured Greek Vases of the Archaic Period: ca. 620–480 B. C. (1972), 25 Nr. A 86; H. Gropengiesser, AA 1977, 593 Abb. 16.
Hier Abb. 83-88

A.5 Hildesheim, Roemer-Pelizaeus-Museum, Inv.Nr.: 2096. Fragment.
(Sirene nach l. und Löwe nach r.).
J. D. Beazley, ABV 41 Nr. 33 (Sophilos).
Hier Abb. 122.

A.6 Cambridge, Fitzwilliam Museum, Inv.Nr.: GR.128.1899 (N.128). Fragment aus Naukratis.
Größte L 5,1 cm.
(Viergespann in Vorderansicht).
CVA Cambridge, Fitzwilliam Museum (2), Taf. 21 Nr. 33; J. D. Beazley, ABV 39 Nr. 14 (Sophilos); M. B. Moore, Horses on Black-Figured Greek Vases of the Archaic Period: ca. 620–480 B. C. (1972), 25 Nr. A 87.
Hier Abb. 129.

A.7 London, Britisches Museum, Inv.Nr.: B 103.14.1–2. Fragmente aus Naukratis.
(Viergespann in Vorderansicht und Reiter nach r.).
W. M. Flinders Petrie-E. A. Gardner. Naukratis II (1888), Taf. 9,7; J. D. Beazley-H. Payne, JHS 9, 1929, 255 Abb. 2 Nr. 3; M. B. Moore, Horses on Black-Figured Greek Vases of the Archaic Period: ca. 620–480 B. C. (1972), 26 Nr. A 96, Taf. 7,1 a–b.
Hier Abb. 123.

BAUCHAMPHOREN

A.8 Jena, Archäologisches Institut der Universität, Inv.Nr.: 178. Aus Veji.
H 34,2 cm.
Im Bildfeld A: Zwei antithetisch hockende Löwen.
Im Bildfeld B: Zwei antithetische Sirenen.
Über den Bildfeldern: Lotos-Palmetten-Kette.
E. Bielefeld, Zur griechischen Vasenmalerei des 6. bis 4. Jhs. v. Chr. (1952), 5, Taf. 2; J. D. Beazley, ABV 39 Nr. 7 (Sophilos); I. Scheibler, JdI 76, 1961, 39 Abb. 40; W. Müller, Keramik des Altertums (1963), 27, Nr. 13, Taf. 13; J. D. Beazley, Paralipomena 18 Nr. 7 (Sophilos).
Hier Abb. 21.22.

A.9 Paris, Musée du Louvre, Inv.Nr.: E 819. Aus Italien.
H 43 cm., Dm der Mündung 18,5 cm.
Im Bildfeld A: Zwei antithetische hockende und rückwärts schauende Sphingen.
Im Bildfeld B: Zwei antithetische Sirenen, zwischen denen ein kleiner, hockender Panther oder Löwe. Der Fuß ist nicht diesem Gefäß zugehörig. Das irrtümlicherweise als männliche Sphinx ergänzte Tier zwischen den Sirenen ist ein Panther oder ein Löwe.
CVA Paris, Musée du Louvre (1), Taf. 1.6,12; J. D. Beazley, ABV 38 Nr. 5 (Sophilos).
Hier Abb. 23–26.

A.10 Athen, Nationalmuseum, Inv.Nr.: Akr. 757. Von der Akropolis zu Athen. Fragmentiert.
L des Frgts (a) 23 cm.
Im Bildfeld A: Hermes zwischen Sirenen.
Im Bildfeld B: Ein Mann mit Stab (Hermes?) zwischen zwei hockenden und rückwärts blickenden Löwen. Der Mann steht wohl auf einem Lotos-Palmetten-Kreuz.
B. Graef-E. Langlotz, Die antiken Vasen von der Akropolis zu Athen I (1925), 94 Nr. 757 a–h, Taf. 48; J. D. Beazley, ABV 39 Nr. 10 (Sophilos); Photoarchiv des DAI Athen, Neg. Nr. Akr. Vasen 421, 463, 464; J. Boardman, BSA 53/54,
Hier Abb. 45.   [1958/59, 155 Anm. 7.

HALSAMPHOREN

A.11 Florenz, Museo Archeologico Etrusco.
Erhaltene H 20,3 cm.
Am Hals: A) Antithetische Sirenen.
B) Antithetische Löwen.
Auf der Schulter: A) Mann (Zeus nach Beazley) und Hermes zwischen Sphingen.
B) Hermes zwischen Sirenen.
Im ersten Fries: Erhalten sind zwei Löwen zwischen Sirenen oder Sphingen.
Am inneren Mündungsrand: Grasende Gänse.
Unter einem Henkelansatz: Ein Vogel.
L. Banti, Bd'A 36, 1951, 101–104, Abb. 7–12; J. D. Beazley, ABV 38 Nr. 3 (Sophilos).
Hier Abb. 46.47.

A.12 Athen, Nationalmuseum, Inv.Nr.: 1036.
Aus Marathon.
H 63 cm.
Am Hals: A) *Oben:* Sirene zwischen Panthern.
Unten: Lotos-Palmetten-Kreuz zwischen Löwen.
B) *Oben:* Lotos-Palmetten-Kreuz zwischen Sirenen. Auf dem Lotos-Palmetten-Kreuz ein hockender Panther. Hinter der linken Sirene eine grasende Gans.
Unten: Rückwärts schauender Löwe; Hermes zwischen Sphingen; hockender Panther.
Auf der Schulter: A) Hermes und ein Jüngling zwischen Sirenen und Panthern.
B) Lotos-Palmetten-Kreuz zwischen Löwen und Sirenen.
Im ersten Fries: Potnia Theron mit zwei kleinen Löwen in den Händen zwischen Löwen; antithetische Eber; Lotos-Palmetten-Kreuz zwischen Sphingen; Panther (r.), Widder (r.).
Im zweiten Fries: Antithetische Sirenen zwischen einem Löwen (r.) und einem Panther (l.); ein Vogel; antithetische Eber zwischen einem Löwen und einem Panther; ein Vogel.
Im dritten Fries: Grasende Gänse.
Auf dem Mündungsrand: Grasende Gänse.
B. Stais, AM 18, 1893, 46ff., Taf. 2; CVA Athen, Nationalmuseum (1), Taf. 13,1.2; S. Karousou, AM 62, 1937, 134 Nr. 35, Taf. 61.62; J. D. Beazley, ABV 38 Nr. 2 (Sophilos); J. Boardman, BSA 53/54, 1958/59, 155 Anm. 7.
Hier Abb. 52–59.

A.13 Oxford, Ashmolean Museum, Inv.Nr.: G 128.20. Fragment aus Naukratis.
Am Hals: A) Mann (Hermes?) zwischen Sphingen.
CVA Oxford, Ashmolean Museum (2), Taf. 1 Nr. 37; J. D. Beazley, 38 Nr. 4 (Sophilos).
Hier Abb. 127.

LOUTROPHOROS-AMPHORA

A.14 Athen, Nationalmuseum, Inv.Nr.: 991.
Aus Vourva.
H 59,8 cm.
Am Hals: A) *Oben:* Zwei Löwen.

Unten: Zwei Sirenen.
B) *Oben:* Zwei Sirenen.
Unten: Zwei Löwen.
Auf der Schulter: A) Lotos-Palmetten-Kreuz zwischen Sirenen.
B) Lotos-Palmetten-Kreuz zwischen Panthern.
Im ersten Fries: Eber (l.) zwischen Löwen, und Sirenen; Panther (r.), Widder (l.).
Im zweiten Fries: Sirene (l.) zwischen einer Sirene und einem Panther; Panther (r.) zwischen einer Sirene und einem Eber.
B. Stais, AM 15, 1890, 318ff., Taf. 9–13; S. Karousou, AM 62, 1937, 118, 134 Nr. 39, Taf. 60; J. D. Beazley, ABV 38 Nr. 1 (Sophilos); J. Boardman, BSA 53/54, 1958/59, 155 Anm. 7; ders., Athenian Black Figure Vases (1974), 18f., Abb. 27; ders., Schwarzfigurige Vasen aus Athen (1977), 20f., Abb. 27; H. Gropengiesser, AA 1977, 588 Abb. 6.
Hier Abb. 89–97, Fig. 21–25.

KOLONETTENKRATERE

A.15 Athen, Nationalmuseum, Inv.Nr.: 12587.
H 35,8 cm., Dm der Mündung 42 cm.
Im Bildfeld A: Kampf zwischen Herakles und Nereus. Links davon zwei Männer mit Lanzen, rechts Hermes.
Im Bildfeld B: Zwei antithetisch hockende rückwärts blickende Löwen zwischen hockenden Sphingen.
Auf den Henkelplatten: Je eine Sphinx (l.).
Auf dem Mündungsrand: Strahlen.
Alte Reparaturlöcher an dem Rand, dem Körper und dem Fuß des Gefäßes.
AM 47, 1922, 56, Taf. 5; S. Karousou, AM 62, 1937, 114, 133 Nr. 21, Abb. 1, Taf. 50.2, 55; J. D. Beazley, ABV 40 Nr. 24 (Sophilos); J. Boardman, BSA 53/54, 1958/59, 155 Anm. 7; ders., BICS 5, 1958, 6–10, Taf. 2; T. Bakır, der Kolonettenkrater in Korinth und Attika zwischen 625 und 550 v. Chr. (1974), 20 Nr. A3, 60f.
Hier Fig. 11–16, Abb. 33–44.

A.16 Paris, Musée du Louvre, Inv.Nr.: CA 1750.
Fragment aus Apollonia Pontica.

Auf der Henkelplatte: Sphinx (r.).
RA 1927, I, 345 Abb.96; J. D. Beazley, Paralipomena 19 Nr. 24 bis (Sophilos).
Hier Abb. 121.

KOTYLENKRATERE

A.17 Athen, Nationalmuseum, Inv.Nr.: Akr. 585 a–b. Zwei Fragmente von der Akropolis zu Athen.
Dm der Mündung ca. 44,8 cm., Br des Mündungsrandes 3,7 cm.
Auf dem Fragment a: Ein bärtiger Mann mit Zepter nach links (Kekrops), vor ihm zwei Frauen nebeneinander nach links (eine von ihnen ΠΑΝΔΡΟΣΟΣ), vor Frauen Reste eines Kerykeion (also Hermes nach rechts). Hinter Kekrops Spuren von der Ansatzstelle des Henkels.
Auf dem Fragment b: Kopf eines Pferdes nach rechts, rechts davon Poseidon ΠΟΣΕΙΔΟΝ und Amphitrite auf einem Wagen nach rechts.
Rote Umrisse, schwarze Buchstaben.
B. Graef-E. Langlotz, Die antiken Vasen von der Akropolis zu Athen I (1925), 63 Nr. 585 a–b, Abbildung auf S. 63; J. D. Beazley, ABV 40 Nr. 17 und 18 (Sophilos – er nimmt jedoch an, daß diese Fragmente von zwei verschiedenen Gefäßen stammen. s. hier S. 26); J. Boardman, BSA 53/54, 1958/59, 155 Anm. 7; M. B. Moore, Horses on Black-Figured Greek Vases of the Archaic Period: ca. 620–480 B. C. (1972), 25 Nr. A 92; U. Kron, Die zehn attischen Phylenheroen, 1976, 259, K1.
Hier Fig. 17–19, Abb. 64.65.67.68.

A.18 Athen, Kerameikos-Museum, Inv.Nr.: 109. Aus dem Kerameikos.
Dm der Mündung ca. 36 cm., H des Frgts 3,5 cm.
Stirn, Auge und Stirnschopf eines Pferdes (r.). Vor ihm Oberkörper und Kopf eines Mannes und Kopf einer Frau, die nebeneinander auf einem nach rechts fahrenden Viergespann stehen. Innenseite bis auf einen tongrundigen Streifen unter dem Mündungsrand gefirnißt.
Rote Umrisse
K. Kübler, Kerameikos VI 2 (1970), 539 Nr. 193,

Taf. 122; Photoarchiv des DAI, Athen, Neg.Nr. 2966.
Hier Fig. 20, Abb. 63.

AUSGUSS-KESSEL (sog. Louterion)

A.19 Ankara, Archäologisches Institut der Universität. Aus Phokaia.
H 28 cm, Dm der Mündung 40 cm.
Im Bildfeld A (Ausguß-Seite): Zwei antithetisch hockende Sphingen.
Im Bildfeld B: Löwe (r.) und Eber (l.).
Auf dem Mündungsrand: Strahlen.
Unpubliziert
Hier Fig. 8–10, Abb. 27–32.

A.20 Athen, Nationalmuseum, Inv.Nr.: 15918 und 15942. Acht Fragmente aus der Tholos bei Menidi.
Erhaltene H ca. 29 cm, Dm der Mündung ca. 37 cm.
Im Bildfeld A (Ausguß-Seite): Rechts von der Ansatzstelle des Ausgusses Füße einer nach links schreitenden Frau. Links Köpfe der Pferde eines Viergespanns nach rechts, davor eine Schlange. Unter dem Ausguß zwei Zeilen Inschrift:
[ΣΟΦ]ΙΛΟΣ:ΜΕ[. . .]ΣΕΝ.
Die zweite Zeile ist nicht zu entziffern.
Vor der Frau: . . .]ΕΡΟ[. . .
Im Bildfeld B: Kentauromachie. Herakles und drei Kentauren erhalten: ΚΕΤΑ [. . .].
Im Tierfries: (Löwe nach r., Panther nach l.) (zwei antithetische Sirenen) (Panther nach r., Widder nach l.) (Panther nach r.) (Eber nach l.).
Auf dem vom Fuß stammenden Fragment: Vogel nach r., Löwe oder Panther nach r.).
Rote Umrisse, schwarze Buchstaben.
P. Wolters, JdI 13, 1898, 13–28, Taf. 1; H. Payne, Necrocorinthia (1931), 200 Anm. 1; S. Karousou, AM 62, 1937, 134 Nr. 32, 113 Anm. 1; J. D. Beazley, ABV 40 Nr. 21 und 42 Nr. 36 (Sophilos); J. Boardman, BSA 53/54, 1958/59, 156 Anm. 10; D. Callipolitis-Feytmans, Les Louteria Attiques (1965), 51–56, Abb. 13, Taf. 14; J. D. Beazley, Paralipomena 18 (Sophilos); M. B.

Moore, Horses on Black-Figured Greek Vases of the Archaic Period: ca. 620–480 B.C. (1972), 26 Nr. A 95.

Hier Fig. 6.7, Abb. 15–20.

LEBES GAMIKOS

A.21 İzmir, Arkeoloji Müzesi, Inv.Nr.: 3332. Aus Smyrna.

H 70 cm, Dm der Mündung 32 cm.

Auf der Schulter: A) Hochzeit von Menelaos und Helene. Zwei Wagen nach rechts. Im ersten Helene HEΛEN̪[E] und Menelaos. Im zweiten Polydeukes ΠΟΛΥ[ΔΕΥ]Ḳ[Ẹ̄Σ] und Kastor [K]ΑΣΤΟΡ. Unter den Henkeln je ein Mann zu dieser Szene gewandt.

B) Lotos-Palmetten-Geschlinge zwischen zwei hockenden Sphingen. Auf dem Lotos-Palmetten-Geschlinge zwei kleine, antithetisch liegende Panther.

Darunter zwei Tierfriese:

1. Lotos-Palmetten-Geschlinge zwischen zwei Sirenen, zwei Panthern; Eber (l.) zwischen zwei Löwen und zwei Sirenen.

2. Eber (l.) zwischen zwei Löwen, zwei Sirenen und zwei Panthern; zwei antithetische Sirenen zwischen zwei Panthern.

Auf dem Ständer drei Tierfriese:

1. (Soweit erhalten) zwei antithetische Sirenen, Panther (l.), Sirene oder Sphinx (l.)

2. Zwei antithetische Eber; Lotos-Palmetten-Kreuz zwischen zwei Sphingen, fliegender Adler (l.).

3. Grasende Gänse (l.)

Schwarze Konturen, schwarze Buchstaben.

J. M. Cook, JHS 70, 1950, 10; J. Boardman, BSA 48, 1952, 31, 34; J. D. Beazley, ABV 40 Nr. 20 (Sophilos); J. Boardman, BSA 53/54, 1958/59, 154–162, Abb. 1–6, Taf. 31.32; ders., Athenian Black Figure Vases (1974), 19; ders., Schwarzfigurige Vasen aus Athen (1977), 21; M. B. Moore, Horses of Black-Figured Greek Vases of the Archaic Period: ca. 620–480 B.C. (1972), 26 Nr. A 93.

Hier Fig. 32–38, Abb. 71–82.

DREIFUSSPYXIS

A.22 Boston, Museum of Fine Arts, Inv.Nr.: 98.915.

H mit Deckel 17,6 cm, Dm des Beckens 23 cm.

Auf den Füßen: A) Antithetische Löwen.

B) Antithetisch hockende Sphingen.

C) Antithetische Sirenen.

Auf dem Mündungsrand: Lotos-Palmetten-Kreuz zwischen Sirenen und Panthern; rückwärts blickende Sirene zwischen zwei Löwen; antithetische Eber.

Auf dem Deckel: Antithetisch hockende Sphingen zwischen Panthern; Ziege zwischen Löwen.

A. Fairbanks, Catalogue of Greek and Etruscan Vases (1928), 196 Nr. 560, Taf. 68; S. Karousou, AM 62, 1937, 118, 134 Nr. 40, Taf. 63; J. D. Beazley, ABV 41 Nr. 27 (Sophilos).

Hier Abb. 48–51.

PINAKES

A.23 Athen, Sammlung Vlastos. Aus Kalyvia.

H 39,5 cm, H des Bildfeldes 22,5–23 cm.

Zwei Klagefrauen erhalten (nach r.).

Rote Umrisse.

S. Karousou, AM 62, 1937, 111f., Taf. 48; J. Boardman, BSA 50, 1955, 59 Nr. 6; J. D. Beazley, ABV 42 Nr. 38 (Sophilos).

Hier Abb. 69

A.24 Athen, Sammlung Vlastos. Aus Kalyvia.

H 38,5 cm, H des Bildfeldes 24 cm.

Drei Klagefrauen nach rechts erhalten.

Rote Umrisse.

S. Karousou, AM 62, 1937, 111f., Taf. 49; J. Boardman, BSA 50, 1955, 59 Nr. 6; J. D. Beazley, ABV 42 Nr. 40 (Sophilos).

Hier Abb. 70.

A.25 Athen, Sammlung Vlastos. Aus Kalyvia.

H des Blattstabes 3,5 cm.

Füße der nach links schreitenden Männer erhalten.

S. Karousou, AM 62, 1937, 111f., Taf. 50; J.

Boardman, BSA 50, 1955, 59 Nr. 6; J. D. Beazley, ABV 42 Nr. 39 (Sophilos).

LEKANIDES

A.26 Athen, Nationalmuseum, Inv.Nr.: 997. Aus Vourva.
H 11,8 cm, Dm 37,8 cm.
Im ersten Fries: A) Ziege (r.), zwei antithetische Sirenen zwischen Panthern; – fehlt –.
B) – fehlt –, Panther (r.), zwei antithetische Sirenen, – fehlt –.
Im zweiten Fries: Zwei antithetische Sirenen; Löwe (r.), Eber (l.); Sirene (r.) – fehlt –; Löwe (r.), Widder (l.); Löwe oder Panther (r.) – fehlt –.
Innenbild: Sirene (l.).
Auf dem Mündungsrand: Z-Muster.
M. Nilsson, JdI 18, 1903, 124 Abb. 1; S. Karousou, AM 62, 1937, 134 Nr. 42; J. D. Beazley, ABV 41 Nr. 29 (Sophilos); J. Boardman, BSA 53/54, 1958/59, 155 Anm. 7.
Hier Fig. 26, Abb. 104. 107–110.

A.27 Athen, Nationalmuseum, Inv.Nr. 998. Aus Vourva.
H 11 cm, Dm 35,2 cm.
Im ersten Fries: A) Lotos-Palmetten-Kreuz zwischen Sirenen, Panthern, Gänsen.
B) Gans (l.), Panther (l.) – fehlt –.
Im zweiten Fries: Panther (r.), Eber (l.); zwei antithetische Sirenen; Löwe (r.), Eber (l.); Widder (r.), Panther (l.) – fehlt –.
Unter den Henkeln: Je eine grasende Gans.
Innenbild: Sirene (l.).
B. Stais, AM 15, 1890, 326, 322 Abb. 3; S. Karousou, AM 62, 1937, 134 Nr. 42; J. D. Beazley, ABV 41 Nr. 28 (Sophilos); J. Boardman, BSA 53/54, 1958/59, 155 Anm. 7; S. Karousou, Angeia tou Anagyrountos I (1963), 66 Abb. 54.
Hier Fig. 27, Abb. 105. 111–114.

A.28 Athen, Nationalmuseum, Inv.Nr. 999. Aus Vourva.
H 10,2 cm, Dm 30 cm.
Im ersten Fries: Rosetten.
Im zweiten Fries: Zwei Sirenen zwischen einem

Löwen und einem Panther; zwei antithetische Sirenen; Eber (l.) zwischen zwei Panthern; zwei antithetische Sirenen.
Innenbild: Sirene (l.).
Auf dem Mündungsrand: Z-Muster.
M. Nilsson, JdI 18, 1903, 125 Abb. 2; S. Karousou, AM 62, 1937, 134 Nr. 42; J. D. Beazley, ABV 41 Nr. 30 (Sophilos); J. Boardman, BSA 53/54, 1958/59, 155 Anm. 7; S. Karousou, Angeia tou Anagyrountos I (1963), 66 Abb. 55.
Hier Fig. 28, Abb. 106.

A.29 Oxford, Ashmolean Museum, Inv.Nr.: G 547. Fragment aus Naukratis.
(Panther nach r., Sirene nach r.).
CVA Oxford, Ashmolean Museum (2), Taf. 1 Nr. 8.
Hier Abb. 130.

KELCH

A.30 Athen, Nationalmuseum, Inv.Nr. 995. Aus Vourva
H 14,5 cm.
Im ersten Fries: Lotos-Palmetten-Geschlinge zwischen zwei Männern und zwei Sirenen; Sphinx zwischen zwei Löwen.
Im zweiten Fries: Zwei antithetische Löwen zwischen zwei Sirenen; zwei antithetisch hockende Panther zwischen Sirenen.
Unter den Henkeln: Je ein hockender Panther.
B. Stais, AM 15, 1890, Taf. 12,1; S. Karousou, AM 62, 1937, 118, 134 Nr. 41, Taf. 59,2; J. D. Beazley, ABV 39 Nr. 11 (Sophilos); J. Boardman, BSA 53/54, 1958/59, 155 Anm. 7; ders., Athenian Black Figure Vases (1974), 18f., Abb. 28; ders., Schwarzfigurige Vasen aus Athen (1977), 20f., Abb. 28.
Hier Fig. 29, Abb. 98–103.

DECKEL

A.31 Aegina, Museum, Inv.Nr.: 2805. Fragment aus Aegina.
Dm 32 cm.

Im ersten Fries: (Hinterteile von zwei Löwen).
Im zweiten Fries: (Rückwärts schauender Löwe nach r., zwei antithetische Sirenen).
J. D. Beazley, ABV 41 Nr. 32 (Sophilos – Dieses Fragment stammt nicht von einem Ständer, wie Beazley vermutet hat).
Hier Fig. 30, Abb. 119.

A.32 Aegina, Museum, Inv.Nr.: 2806 und 2807. Zwei Fragmente aus Aegina.
Dm ca. 29 cm.
Im ersten Fries: (Sirene nach l. zwischen zwei Panthern).
Im zweiten Fries: Grasende Gänse nach r.
J. D. Beazley, ABV 41 Nr. 31 (Sophilos).
Hier Fig. 31, Abb. 115.116.

FRAGMENTE

A.33 Aegina, Museum, Inv.Nr.: 2801, 2802, 2803. Drei Fragmente (eines Kotylenkraters oder Lebes Gamikos?) aus Aegina.
H der Frgte 2801: 8,5 cm, 2802: 6,2 cm, 2803: 7 cm.
Erstes Frgt: Oben: Sirene (l.).
Unten: Flügelspitze einer Gans (l.).
Zweites Frgt: Oben: Sirene (l.), Lotos-Palmetten-Geschlinge (nur eine Volute erhalten).
Unten: Löwe (r.), Eber (l.).
Drittes Frgt: Oben: Löwe oder Panther (r.), Ziege (l.).
Unten: Grasende Gänse (l.).
J. D. Beazley, ABV 41 Nr. 35 (Sophilos).
(Die breiten Firnisbänder auf den Innenseiten weisen darauf hin, daß diese Fragmente nicht von einer Amphora, sondern von einem offenen Gefäß stammen. Das von Beazley als fünftes erwähnte Fragment mit Lotos-Palmetten-Kette, das von der Schulter einer Amphora oder einer Loutrophoros stammt, hier Kat.Nr. C.5, Abb. 175, gehört diesem Gefäß nicht und ist nicht von Sophilos bemalt. Das dritte Fragment von Beazley mit einem Panther (r.) und einem Eber (r.) konnte ich im Museum zu Aegina nicht finden).
Hier Abb. 60–62.

A.34 Athen, Agora-Museum, Inv.Nr.: P 8779. Zwei Fragmente eines Ständers von der Agora zu Athen.
Erstes Frgt.: Oben: Ein kleiner Löwe oder Panther (l.), Eber (l.).
Unten: Lotos-Palmetten-Geschlinge.
Zweites Frgt.: Eber nach r.
J. D. Beazley, ABV 40 Nr. 22 (Sophilos).
Hier Abb. 117.118.

A.35 İstanbul, Arkeoloji Müzeleri, Inv.Nr.: 4514. Fragment (eines Dinos oder Kraters) aus Lindos.
H 9,1 cm, Br 9,5 cm.
(Satyr und Nymphe).
Rote Umrisse.
C. Blinkenberg, Lindiaka 3, 1926, 32ff., Abb. 23; ders., Lindos I (1931), Taf. 127 Nr. 2629; J. D. Beazley, ABV 42 Nr. 37 (Sophilos); R. M. Cook, Greek Painted Pottery (1960), Taf. 15.
Hier Abb. 66.

A.36 Maidstone (Kent), Museum and Art Gallery, Fragment einer Hydria.
Auf der Schulter: Tiere (nur ein Fuß eines Panthers oder eines Löwen [l.] erhalten).
Darunter: Herakles ringt mit Nereus (erhalten sind Kopf und Arm des Nereus, Kerykeion, Hand und Bartspitze des Hermes).
Rote Umrisse.
F. Brommer, Vasenlisten zur griechischen Heldensage (1956), 89; J. Boardman, BICS 5, 1958, 7–10, Taf. 2.
Hier Abb. 126.

A.37 Athen, Agora-Museum, Inv.Nr.: P 12496. Fragment (einer Olpe oder Amphora) von der Agora in Athen.
H 4 cm, L 9 cm.
Reiter (nur Kopf des Reiters und Mähne des Pferdes erhalten).
Hesperia 8, 1939, 260 Nr. 17, Abb. 16; J. D. Beazley, ABV 39 Nr. 8 (Sophilos); M. B. Moore, Horses on Black-Figured Greek Vases of the Archaic Period: ca. 620–480 B.C. (1972), 24f., Nr. A 85.
Hier Abb. 125.

A.38 Damascus, Museum, Fragment aus Tell Sukas.
Sirene nach rechts.
P. J. Riis, Nationalmuseets Arbejdsmark 1961,
127 Abb. 8; J. D. Beazley, Paralipomena 19 (Sophilos).
Hier Abb. 120.

A.39 Athen, Nationalmuseum, Inv.Nr.: Akr.
480. Fragment von der Akropolis zu Athen.
Ein kleiner, rückwärts schauender Löwe zwi-
schen zwei Ebern – nur Köpfe erhalten.
B. Graef–E. Langlotz, Die antiken Vasen von der
Akropolis zu Athen I (1925), 53 Nr. 480; Pho-
toarchiv des DAI, Athen, Neg.Nr. Akr. Vasen 84
(Sammelaufnahme).
Hier Abb. 124.

A.40 Ankara, Archäologisches Institut der Uni-
versität. Fragment (einer Hydria?) aus Phokaia.
Kopf einer Sirene oder Sphinx nach rechts.
Unpubliziert.
Hier Abb. 128.

B) GEFÄSSE AUS DEM UMKREIS
DES SOPHILOS

DINOI

B.1 London, Britisches Museum, Inv.Nr.: B 100
und B 601.26. Aus Naukratis.
Im ersten Fries: Lotos-Palmetten-Kreuz zwi-
schen zwei Panthern; Sirene (l.); zwei antitheti-
sche Ziegen, Panther (l.), Sirene (l.); Löwe (l.),
zwei antithetische Sirenen.
Im zweiten Fries: Hermes zwischen Sirenen;
zwei antithetische Eber; zwei antithetische Sire-
nen zwischen Löwen.
Im dritten Fries: Zwei antithetische Sirenen;
Panther oder Löwe (r.) – fehlt – Panther oder
Löwe (l.).
Auf dem Mündungsrand: Rosetten.
E. Gardner, Naukratis II (1888), 43, Taf. 9; J. D.
Beazley–H. Payne, JHS 49, 1929, 275, Taf. 17,8;

S. Karousou, AM 62, 1937, 117, 134 Nr. 37; J. D.
Beazley, ABV 39 Nr. 13 (Sophilos).
Hier Abb. 131–138.

B.2 Herakleion, Museum. Aus Gortyn. Frag-
mentiert.
H 33 cm
Im ersten Fries: Pferderennen. Auf einem Fragment die Zielsäule und zwei Preiskessel erhal-
ten.
Im zweiten Fries: Tiere. Erhalten: Panther (r.),
Ziege (l.); zwei antithetische Sirenen; – Panther
(l.) – fliegender Adler (l.) zwischen zwei Ziegen.
Im dritten Fries: Tiere: Eber (r.) zwischen Lö-
wen; antithetische Sirenen; Widder (r.), Panther
(l.).
Auf dem Mündungsrand: Rosetten.
W. Johannowsky, ASAtene 17/18, 1955/56,
45–51; J. Boardman, BSA 53/54, 1958/59, 155
Anm. 7; J. D. Beazley, Paralipomena, 18 Nr. 14
bis (Sophilos); M. B. Moore, Horses on Black-
Figured Greek Vases of the Archaic Period: ca.
620–480 B.C. (1972) 25, Nr. 90.
Hier Abb. 158–160.

B.3 İzmir, Arkeoloji Müzesi. Fragment aus
Smyrna.
Auf dem Mündungsrand: Rosetten.
Unpubliziert.
Hier Abb. 161.

LOUTROPHOROS-AMPHORA

B.4 Warschau, Nationalmuseum, Inv.Nr.:
135837.
H 29,5 cm.
Am Hals: A) Oben: Zwei antithetisch hockende,
rückwärts schauende Löwen.
Unten: Zwei antithetische Sirenen.
B) Oben: Chimära (l.).
Unten: Eber (l.)
Auf der Schulter: A) Panther (r.), Vogel (l.), Löwe
(l.).
B) Zwei antithetische Sirenen.
Im ersten Fries: Zwei antithetische Eber zwi-

schen zwei Panthern; zwei antithetische Sirenen.
Im zweiten Fries: Grasende Gänse (r.).
CVA Warschau, Nationalmuseum (1), Taf. 7.8;
K. Michalowski, Sztuka starozytna (1955), 99;
M. L. Bernhard, Greckie malarstwo wazowe
(1966), Abb. 192; J. D. Beazley, Paralipomena,
18 Nr. 1 bis (Sophilos).
Hier Abb. 139–141.

LOUTROPHOROS-HYDRIEN

B.5 Athen, Akropolis-Museum. Ausgrabungs-
nummer: NA 57 Aa 9 975.
Am Hals: 1. Fries: Zwei antithetische Sirenen
zwischen Panthern.
2. Fries: Zwei antithetische Panther zwischen
Sirenen.
Zwischen Henkeln: A) Hermes zwischen Sirenen.
B) Tiere.
C) Tiere.
Im Fries: Eber (l.) zwischen zwei Panthern und
andere Tiere.

B.6 Athen, Magazin in der Fethiye-Moschee.
Ausgrabungsnummer: 1957 Aa 432/915.
Im ersten Fries: Mann mit einem Zweig in der
Hand zwischen Sirenen.
Im zweiten Fries: Eber (l.) zwischen Panthern.

B.7 Athen, Magazin in der Fethiye-Moschee.
Ausgrabungsnummer: NA 1957 Aa 23/915.
Zwischen Henkeln: A) Ornamente und kleine Vö-
gel.
B) Ein hockender Panther.
C) Ein hockender Panther.
Im ersten Fries: Lotos-Palmetten-Geschlinge
zwischen zwei Panthern; zwei antithetische Si-
renen.
Im zweiten Fries: Zwei antithetische Sirenen;
Ziege (r.), Panther (l.); ein hockender Panther.
Echinus-förmiger Fuß.

B.8 Athen, Magazin in der Fethiye-Moschee.
Ausgrabungsnummer: 1957 Aa 478/975.

Am Hals: 1. Fries: Löwe (l. nur Füße erhalten);
rückwärts schauender Löwe (r.), Sirene (r.).
2. Fries: Zwei antithetische Löwen zwischen
zwei hockenden Panthern.

B.9 Athen, Magazin in der Fethiye-Moschee.
Ausgrabungsnummer: 1957 Aa 386/1083.
Am Hals: 1. Fries: Zwei antithetische Sirenen
zwischen zwei hockenden Panthern.
2. Fries: Zwei antithetische, rückwärts schauende Löwen zwischen zwei fliegenden Adlern.

BAUCHAMPHOREN

B.10 Athen, Agora-Museum, Inv.Nr.: P 3703.
Von der Agora zu Athen. Fragmentiert.
Erhaltene H des Fragments 21 cm.
Seite A: Zwei antithetische, rückwärts schau-
ende Löwen.
Über dem Bildfeld: Doppelpalmetten-Kette.
E. Vanderpool, Hesperia 15, 1946, 126 Taf. 17,4;
J. D. Beazley, ABV 43 Nr. 5 (Near Sophilos).
Hier Abb. 157.

B.11 Athen, Agora-Museum, Inv.Nr.: P 15088.
Von der Agora zu Athen. Fragmentiert.
Drei Tierfriese: 1) Füße einer Sirene nach l. er-
halten.
2) Löwe oder Panther nach l., fliegender Adler
nach l., Ziege n. l.
3) Ziege nach l., Panther n. l.
Am Hals: Lotos-Palmetten-Kette.
Auf dem Mündungsrand: Rosetten.
J. D. Beazley, ABV 39 Nr. 9 (Sophilos).
Hier Abb. 154–156.

KOLONETTENKRATERE

B.12 Aegina, Museum, Inv.Nr.: 1775a. Aus Ae-
gina.
H 32,2 cm, Dm der Mündung 32 cm.
Seite A: Komast (l.) zwischen zwei Sirenen.
Seite B: Schwan (r.) zwischen zwei Panthern.
Auf den Henkelplatten: Je ein Schwan (l.).
Unter den Henkeln: Je ein Delphin (l.).

J. D. Beazley, ABV 41 Nr. 25 (Sophilos); T. Bakır,
Kolonettenkrater in Korinth und Attika zwi-
schen 625–550 v. Chr. (1974), 21 Nr. A 7, 62ff.
Hier Fig. 40, 41, Abb. 148–153.

B.13 Paris, Musée du Louvre, Inv.Nr.: Camp.
11251. Sechs Fragmente.
Erhaltene H 25,6 cm, Dm der Mündung ca.
36 cm.
Im Bildfeldern: A) Viergespann in der Vorderan-
sicht zwischen zuschauenden Männern.
B) Pferd führender Jüngling (r.) – ein Pferdehuf
(l.) –.
Im Fries: (soweit erhalten) Ziege (r.), rückwärts
schauender Vogel (r.), Löwe oder Panther (r.) –
Ziege oder Reh (l.), Panther (l.) –.
Unter einem Henkel: Hahn (r.) und eine Palmette
mit Voluten.
Auf dem Mündungsrand: Rosetten.
J. D. Beazley, ABV 40 Nr. 23 (Sophilos); CVA
Paris, Musée du Louvre (12), Taf. 157,3–6; M. B.
Moore, Horses on Black-Figured Greek Vases of
the Archaic Period: ca. 620–480 B.C. (1972) 26
Nr. A 94.
Hier Abb. 165–168.

OINOCHOE

B.14 Salerno, Soprintendenza alle Antichità.
Aus Vietri sul Mare.
H 30 cm.
Eber (l.) zwischen zwei Panthern.
B. d'Agostino, Dialoghi di Archeologia 2, 1968,
139–143, Abb. 1–6.

HYDRIEN

B.15 Athen, Nationalmuseum, Inv.Nr.: 19191.
Aus Vari.
H 36,7 cm.
Auf der Schulter: Rückwärts schauender Löwe
(r.), Ziege (l.); Lotos-Palmetten-Kreuz zwischen
zwei rückwärts schauenden Löwen; Sphinx (l.),
Ziege (l.).
Im ersten Fries: Hermes (l.) zwischen zwei Sire-

nen und zwei Panthern; fliegender Adler (l.)
zwischen zwei Sirenen. Unter den horizontalen
Henkeln je zwei Vögel.
Im zweiten Fries: Grasende Gänse. Zwei davon
kämpfen miteinander.
J. Boardman – J. Hayes, Excavations at Tocra I
(1966), 97 Anm. 5.
Hier Fig. 39, Abb. 142–147.

B.16 Verschollen. Früher in der Sammlung von
M. Geledakis. Zwei Fragmente jetzt in Marburg,
Archäologisches Institut, Inv.Nr.: 1045 und
H 35 cm.   [1046.
Auf der Schulter: Lotos-Palmetten-Kreuz zwi-
schen zwei Sphingen; andere Tiere.
Im ersten Fries: Mann mit Zepter (l.) zwischen
zwei rückwärts schauenden Löwen (deren Köp-
fe auf den Marburger Fragmenten erhalten), an-
dere Tiere.
Im zweiten Fries: Tiere.
J. D. Beazley, Hesperia 13, 1944, 51f. Nr. 2, Taf.
8,1 und Taf. 7.3,4 (Frgte in Marburg); ders.,
ABV 42 (by Sophilos or near him).
Hier Abb. 177.178.

FRAGMENTE

B.17 Athen, Nationalmuseum, Inv.Nr.: Akr.
586. Fragment (eines Dinos oder Kraters?) von
der Akropolis zu Athen.
L 8 cm, Br 9,5 cm.
Monomachie zwischen Memnon und Achilleus.
Die rechte Hälfte der Szene erhalten. Gehobener
Arm des Kriegers mit Lanze und Helmbusch
MEM[NON], hinter ihm eine Frau HE[OΣ].
Rote Umrisse.
B. Graef – E. Langlotz, Die antiken Vasen von
der Akropolis zu Athen I (1925), 64f., Nr. 586;
J. D. Beazley, Hesperia 13, 1944, Taf. 7,2; ders.,
ABV 43 Nr. 5 (Near Sophilos).
Hier Abb. 172.

B.18 Athen, Agora-Museum, Inv.Nr.: P 13848.
Fragment (eines Kolonettenkraters?) von der
Agora in Athen.
Tür, Säule und Antenmauer eines Antentem-

pels. Rechts davon, unter dem Henkel ein rückwärts schauender Vogel (r.).
Innen: Obere Hälfte des Fragments gefirnißt.
Rote Umrisse.
J. D. Beazley, ABV 41 Nr. 26 (Sophilos).
Hier Abb. 170.

B.19 Athen, Agora-Museum, Inv.Nr.: P 18567.
Fragment (eines Kolonettenkraters?) von der Agora in Athen.
Ausfahrtszene. Ein Pferd des in Vorderansicht wiedergegebenen Viergespanns erhalten. Reste der Beischrift: . . .]ΧΟΣ. Rechts davon ein hockender Greis (Seher). Hinter ihm ein stehender Mann.
Rote Umrisse.
J. D. Beazley, ABV 43 Nr. 4 (Sophilos or near him).
Hier Abb. 171.

B.20 Athen, Nationalmuseum, Inv.Nr.: Akr. 584 a–b. Zwei Fragmente eines Ständers von der Akropolis zu Athen.
Frgt a) 11,5 × 6 cm, b) 6,5 × 4,5 cm.
Im ersten Fries: Vertikale Doppelpalmetten-Kette zwischen zwei Panthern oder Löwen.
Im zweiten Fries: Ein bärtiger Mann mit Zepter nach r. zwischen zwei Sphingen.
Rote Umrisse.
B. Graef – E. Langlotz, Die antiken Vasen von der Akropolis zu Athen I (1925), 63 Nr. 584, Taf. 23; J. D. Beazley, ABV 43 Nr. 1 (Near Sophilos).
Hier Abb. 169.

B.21 Athen, Kerameikos-Museum, Inv.Nr.: 119.
Fragment eines Kotylenkraters vom Keramei-
H 3 cm.   [kos.
Kopf eines Mannes nach l.
K. Kübler, Kerameikos VI,2 (1970), 551 Nr. 229, Taf. 109.
Hier Abb. 163.

B.22 İzmir, Arkeoloji Müzesi. Fragment einer Pyxis aus Smyrna.
Sirene nach r.
Unpubliziert.
Hier Abb. 162.

B.23 Marseille. Fragment aus Marseille.
Oben: Füße eines Panthers oder Löwen (l.).
Unten: Schwanz eines Panthers oder Löwen (l.), Kopf einer Sirene (l.).
Photoarchiv des DAI, Rom, Neg.Nr. 77.2339.
Hier Abb. 175.

B.24 Cambridge, Fitzwilliam Museum, Inv.Nr.: GR 173.1899 (N.173,99). Fragment (eines Dinos?) aus Naukratis.
Hinterteil eines Löwen oder Panthers (l.), eine Sirene (l.).
CVA Cambridge, Fitzwilliam Museum (2), Taf. 20 Nr. 35.
Hier Abb. 174.

B.25 Athen, Nationalmuseum, Fragment von der Akropolis zu Athen.
Oben: Füße eines Ebers oder einer Ziege (l.), Füße eines Löwen oder Panthers (l.).
Unten: Teile von Haar und Flügel einer Sirene (l.).
Photo im Beazley-Archiv, Oxford; J. D. Beazley, ABV 43 Nr. 4 (Near Sophilos).

B.26 Reading, Universität, Inv.Nr.: 26.ii.1. Fragment aus Ägypten.
H 3,8 cm.
Reste eines Lotos-Palmetten-Geschlinges.
CVA Reading, Universität (1), Taf. 23 Nr. 40; J. D. Beazley, Hesperia 13, 1944, Taf. 6,7; ders., ABV 41 Nr. 34 (Sophilos).
Hier Abb. 164.

B.27 Oxford, Ashmolean Museum, Inv.Nr.: G.128.27. Fragment aus Naukratis.
Größte L 3,9 cm.
Panther nach r.
J. Boardman, BSA 53/54, 1958/59, 156 Anm. 14.
Hier Abb. 176.

B.28 Athen, Kerameikos-Museum. Fragment (eines Dinos?) vom Kerameikos.
Löwe oder Panther nach r.
Photoarchiv des DAI, Athen, Neg.Nr. Keram. 1741.
Hier Abb. 173.

C) NICHT VON SOPHILOS

AUSGUSS-KESSEL (sog. Louterion)

C.1 Athen, Nationalmuseum, Inv.Nr.: 16385.
Aus Vari.
H ca. 17,5 cm.
Im Bildfeld A: (Ausguß-Seite) Ein Vogel (r.) zwischen zwei Ebern.
Im Bildfeld B: Ein Vogel (r.) zwischen zwei Löwen.
Auf dem Mündungsrand: Rosetten.
J. D. Beazley, ABV 40 Nr. 19 (Sophilos); S. Karousou, Angeia tou Anagyrountos I (1963), 34–37, Abb. 1, Taf. 76–79; D. Callipolitis-Feytmans, Les Louteria Attiques (1965), 20 Nr. 13.
Hier Fig. 42; Abb. 179–182.

C.2 Korfu, Museum, Inv.Nr.: E.61.09. Aus Garitsa.
H 23,5 cm.
Im Bildfeld A: (Ausguß-Seite) Lotos-Palmetten-Kreuz zwischen zwei Löwen.
Im Bildfeld B: Drei Reiter nach links.
Auf dem Mündungsrand: Rosetten.
D. Callipolitis-Feytmans, Les Louteria Attiques (1965), 19 Nr. 12, Taf. 5–8; J. D. Beazley, Paralipomena, 19 (the style of drawing is not far from Sophilos); M. B. Moore, Horses on Black-Figured Greek Vases of the Archaic Period: Ca. 620–480 B.C. (1972), 26f., Nr. A 97, Taf, 7,2.

FRAGMENTE

C.3 Athen, Nationalmuseum, Inv.Nr.: Akr. 484 a–f. Von der Akropolis zu Athen. Sechs Fragmente eines Ständers.
Reste von drei Löwen und einer Schlange. Wahrscheinlich eine Chimära zwischen zwei Löwen.
B. Graef – E. Langlotz, Die antiken Vasen von der Akropolis zu Athen I (1925), 53 Nr. 484 a–f; Photoarchiv des DAI, Athen, Neg.Nr.: Akr. Vasen 267 (Sammelaufnahme); M. Z. Pease, Hespe-

ria 4 (1935), 227 Nr. 11; J. D. Beazley, ABV 42 Nr. 1 (Near Sophilos).
Hier Abb. 183.

C.4 Athen, Nationalmuseum, Inv.Nr.: Akr. 588. Von der Akropolis zu Athen. Zwei Fragmente (eines Kantharos?).
a) Links Reste der Brust mit Ansatz der Vorderbeine von zwei Pferden eines Gespanns (r.), rechts Gewandreste von einem Menschen (l.). Zwischen dem Gespann und dem Menschen: [A]PTEM[IΣ].
b) Lotos-Palmetten-Kette.
Rote Buchstaben.
B. Graef – E. Langlotz, Die antiken Vasen von der Akropolis zu Athen I (1925), 64 Nr. 588; Photoarchiv des DAI, Athen, Neg.Nr.: Akr. Vasen 191 (Sammelaufnahme); J. D. Beazley, ABV 43 Nr. 6 (Near Sophilos).
Hier Abb. 184.

C.5 Aegina, Museum, Inv.Nr.: 1987 und 1988. Aus Aegina.
Zwei Fragmente (von der Schulter einer Loutrophoros?).
Lotos-Palmetten-Kette, darunter Reihen von Punkten.
(Die zwei Fragmente, die getrennt inventarisiert sind, passen Bruch an Bruch. Diese Fragmente, die von Beazley als fünftes Fragment erwähnt sind, ABV 41 Nr. 35, gehören nicht zu demselben Gefäß, und der Stil ist nicht sophileisch, vgl. hier Kat.Nr. A.33).
J. D. Beazley, ABV 41 Nr. 35, das fünfte Fragment (Sophilos).
Hier Abb. 185.

C.6 Athen, Nationalmuseum. Von der Akropolis zu Athen.
Eber nach rechts – nur Kopf, Ohr, Auge und Borsten erhalten.
J. D. Beazley, ABV 43 Nr. 7 (Near Sophilos); Photo im Beazley-Archiv, Oxford.

C.7 Athen, Nationalmuseum, Inv.Nr.: Akr. 499, Akr. 500 und Agora-Museum, Inv.Nr.: N. Slope, AP 1234. Von der Akropolis zu Athen. Drei Fragmente (von einem Kotylenkrater?)

Auf Akr. 499: Oben: Reste eines Lotos-Palmetten-Geschlinges.

Mitte: Fuß, Hand und Stab eines Mannes (nach l.), Sphinx (nach r.), Löwe (nach r.).

Unten: Grasende Gänse.

Auf Akr. 500: Oben: Füße von zwei gegenseitig stehenden Menschen.

Unten: Löwe (nach l.), Sirene (nach l.).

Auf AP 1234: Oben: Mann (Hermes?) nach l., Sphinx (nach l.).

Unten: Reste einer grasenden Gans (nach l.).

B. Graef – E. Langlotz, Die antiken Vasen von der Akropolis zu Athen I (1925), 54 Nr. 499, 500; Photoarchiv des DAI, Athen, Neg.Nr.: Akr. Vasen 88 (Sammelaufnahme); M. Z. Pease, Hesperia, 9, 1940, 149 Nr. 5 Abb. 4; J. D. Beazley, ABV 42 Nr. 3 (Near Sophilos).

Hier Abb. 186 a–c.

C.8 Athen, Nationalmuseum, Inv.Nr.: Akr. 486.

Von der Akropolis zu Athen. Fragment.

Sirene nach r., Mann nach r.

B. Graef – E. Langlotz, Die antiken Vasen von der Akropolis zu Athen I (1925), 54 Nr. 486; J. D. Beazley, ABV 42 Nr. 2 (Near Sophilos); Photoarchiv des DAI, Athen, Neg.Nr.: Akr. Vasen 86 (Sammelaufnahme).

Hier Abb. 186f.

Konkordanz

J. D. Beazley, ABV (1956)
und Paralipomena (1971)   Hier Kat. Nr.

Sophilos

ABV 38 Nr. 1	A.14	(Sophilos)
PAR 18 Nr. 1 bis	B.4	(Werkstattarbeit)
ABV 38 Nr. 2; 681,2	A.12	(Sophilos)
Nr. 3	A.11	(Sophilos)
Nr. 4	A.13	(Sophilos)
Nr. 5	A.9	(Sophilos)
ABV 39 Nr. 6	Verschollen	
Nr. 7; PAR 18,7	A.8	(Sophilos)
Nr. 8	A.37	(Sophilos)
Nr. 9	B.11	(Werkstattarbeit)
Nr. 10	A.10	(Sophilos)
Nr. 11	A.30	(Sophilos)
Nr. 12	A.4	(Sophilos)
Nr. 13	B.1	(Werkstattarbeit)
Nr. 14	A.6	(Sophilos)
PAR 18 Nr. 14 bis	B.2	(Werkstattarbeit)
ABV 39 Nr. 15; 681,15	A.2	(Sophilos)
Nr. 16; 681,16; PAR 18, Nr. 16	A.3	(Sophilos)
PAR 19 Nr. 16 bis	A.1	(Sophilos)
ABV 40 Nr. 17; PAR 18 Nr. 17	A.17	(Sophilos)
Nr. 18; PAR 18 Nr. 18	A.18	(Sophilos)
Nr. 19; PAR 18 Nr. 19	C.1	(Nicht von Sophilos)
Nr. 20; 714,20; PAR 18 Nr. 20	A.21	(Sophilos)
Nr. 21; PAR 18 Nr. 21	A.20	(Sophilos)
Nr. 22	A.34	(Sophilos)
Nr. 23; PAR 18 Nr. 23	B.13	(Werkstattarbeit)
Nr. 24	A.15	(Sophilos)
PAR 19 Nr. 24 bis	A.16	(Sophilos)
ABV 41 Nr. 25	B.12	(Werkstattarbeit)
Nr. 26	B.18	(Werkstattarbeit)
PAR 19 Nr. 26 bis	Unzugänglich	
ABV 41 Nr. 27	A.22	(Sophilos)
Nr. 28	A.27	(Sophilos)
Nr. 29	A.26	(Sophilos)
Nr. 30	A.28	(Sophilos)

J. D. Beazley, ABV (1956)
und Paralipomena (1971)   Hier Kat. Nr.

Nr. 31	A.32	(Sophilos)
Nr. 32	A.31	(Sophilos)
PAR 19 Nr. 32 bis	Unzugänglich	
ABV 41 Nr. 33	A.5	(Sophilos)
Nr. 34	B.26	(Werkstattarbeit)
Nr. 35	A.33	(Sophilos)
Nr. 35	C.5	(Nicht von Sophilos)
ABV 42 Nr. 36; PAR 18 Nr. 36	A.20	(Sophilos)
Nr. 37	A.35	(Sophilos)
Nr. 38	A.23	(Sophilos)
Nr. 39	A.25	(Sophilos)
Nr. 40	A.24	(Sophilos)
PAR 19, Frgt. in Damascus	A.38	(Sophilos)

By Sophilos or near him
ABV 42, Geledakis-Hydria . . . . B.16   (Werkstattarbeit)

Near Sophilos

ABV 42 Nr. 1	C.3	(Nicht von Sophilos)
Nr. 2	C.8	(Nicht von Sophilos)
Nr. 3	C.7	(Nicht von Sophilos)
ABV 43 Nr. 4	B.25	(Werkstattarbeit)
Nr. 5	B.10	(Werkstattarbeit)
Nr. 6	C.4	(Nicht von Sophilos)
Nr. 7	C.6	(Nicht von Sophilos)

May be his (red outline)

ABV 43 Nr. 1	B.20	(Werkstattarbeit)
Nr. 2	Unzugänglich	
Nr. 3	Unzugänglich	
Nr. 4	B.19	(Werkstattarbeit)
Nr. 5	B.17	(Werkstattarbeit)

Probably also a rough piece
PAR 19, Lekanis, Athen, NM 19048 . . . . Unzugänglich

Compare also the Fragment
PAR 19, Frgt in New Jersey . . . . Unzugänglich

The style of drawing is not far from Sophilos
PAR 19, Louterion, Korfu, E.61.09 . . . . C.2   (Nicht von Sophilos)

Frgte eines Dinos. London, Britisches Museum, Inv.Nr.: B 103.14.1–2. . A.7 (Sophilos)
Frgt eines Kotylenkraters. Athen, Kerameikos-Museum, Inv.Nr.: 109. A.18 (Sophilos)
Ausguß-Kessel. Ankara, Archäologisches Institut. . . . . A.19 (Sophilos)
Frgt einer Lekanis. Oxford, Ashmolean Museum, Inv.Nr.: G 547. . . . . A.29 (Sophilos)
Frgt einer Hydria. Maidstone, Museum and Art Gallery. . . . . A.36 (Sophilos)
Frgt Athen, Nationalmuseum, Inv.Nr.: Akr. 480. . . . . A.39 (Sophilos)
Frgt Ankara, Archäologisches Institut. A.40 (Sophilos)
Frgt eines Dinos. İzmir, Arkeoloji Müzesi. . . . . B.3 (Werkstattarbeit)
Hydria. Athen, Akropolis-Museum, Inv.Nr.: NA 57 Aa 9 975. . . . . . . B.5 (Werkstattarbeit)
Hydria. Athen, Fethiye-Moschee. Inv.Nr.: 1957 Aa 432/915. . . . . B.6 (Werkstattarbeit)
Hydria. Athen, Fethiye-Moschee. Inv.Nr.: NA 1957 Aa 23/915. . . . . . B.7 (Werkstattarbeit)
Hydria. Athen, Fethiye-Moschee. Inv.Nr.: 1957 Aa 478/975. . . . . B.8 (Werkstattarbeit)
Hydria. Athen, Fethiye-Moschee. Inv.Nr.: 1957 Aa 386/1083. . . . . . . B.9 (Werkstattarbeit)
Oinochoe. Salerno, Soprintendenza alle Antichità. . . . . B.14 (Werkstattarbeit)
Hydria. Athen, Nationalmuseum, Inv.Nr.: 19191. . . . . B.15 (Werkstattarbeit)
Frgt eines Kotylenkraters. Athen, Kerameikos-Museum, Inv.Nr.: 119. B.21 (Werkstattarbeit)
Frgt einer Pyxis. İzmir, Arkeoloji Müzesi. . . . . B.22 (Werkstattarbeit)
Frgt Marseille. . . . . B.23 (Werkstattarbeit)
Frgt eines Dinos. Cambridge, Fitzwilliam Museum,
Inv.Nr.: GR.173.1899. . . . . B.24 (Werkstattarbeit)
Frgt Oxford, Ashmolean Museum, Inv.Nr.: G.128.27. . . . . B.27 (Werkstattarbeit)
Frgt Athen, Kerameikos-Museum. . . . . B.28 (Werkstattarbeit)

Museumsindex

Museum	Inventar-Nr.	Hier Kat.Nr.
AEGINA Museum	1775 a	B.12
	1987, 1988	C.5
	2801, 2802, 2803	A.33
	2805	A.31
	2806, 2807	A.32
ANKARA Archäologisches Institut	—	A.19
	—	A.40
ATHEN Agora-Museum	AP 1234	C.7
	P 3703	B.10
	P 8779	A.34
	P 12496	A.37
	P 13848	B.18
	P 15088	B.11
	P 18567	B.19
ATHEN Akropolis-Museum	NA 57 Aa 9 975	B.5
ATHEN Fethiye-Moschee	1957 Aa 432/915	B.6
	NA 1957 Aa 23/ 915	B.7
	1957 Aa 478/975	B.8
	1957 Aa 386/1083	B.9
ATHEN Kerameikos-Museum	109	A.18
	119	B.21
	—	B.28

Museum	Inventar-Nr.	Hier Kat.Nr.
ATHEN Nationalmuseum	991	A.14
	995	A.30
	997	A.26
	998	A.27
	999	A.28
	1036	A.12
	12587	A.15
	15499	A.3
	15918	A.20
	15942	A.20
	16385	C.1
	19191	B.15
	Akr.480	A.39
	Akr.484	C.3
	Akr.486	C.8
	Akr.499	C.7
	Akr.500	C.7
	Akr.584	B.20
	Akr.585	A.17
	Akr.586	B.17
	Akr.587	A.2
	Akr.588	C.4
	Akr.757	A.10
	—	B.25
	—	C.6
ATHEN Sammlung Vlastos	—	A.23
	—	A.24
	—	A.25
BOSTON Museum of Fine Arts	98.915	A.22

Museum	Inventar-Nr.	Hier Kat.Nr.
CAMBRIDGE Fitzwilliam Museum	GR.128.1899 (N.128)	A.6
	GR.173.1899 (N.173.99)	B.24
DAMASCUS Museum	–	A.38
FLORENZ Museo Archeologico Etrusco	–	A.11
HERAKLEION Museum	–	B.2
HILDESHEIM Roemer-Pelizaeus-Museum	2096	A.5
İSTANBUL Arkeoloji Müzeleri	4514	A.35
İZMİR Arkeoloji Müzesi	3332	A.21
	–	B.3
	–	B.22
JENA Archäologisches Institut	178	A.8
KORFU Museum	E.61.09	C.2
LONDON Britisches Museum	1971.11–1.1	A.1
	B 103.14.1–2	A.7
	B 100, B 601.26	B.1
MAIDSTONE Museum and Art Gallery	–	A.36
MARBURG Archäologisches Institut	1045, 1046	B.16
MARSEILLE	–	B.23
OXFORD Ashmolean Museum	GR.128.20	A.13
	G.547	A.29
	G.128.27	B.27
PARIS Kunsthandel	Geledakis-Hydria	B.16
PARIS Musée du Louvre	E 819	A.9
	E 873 (Camp.49)	A.4
	CA 1750	A.16
	Camp. 11251	B.13
READING Universität	26.ii.1	B.26
SALERNO Soprintendenza alle Antichità		B.14
WARSCHAU Nationalmuseum	135837	B.4

Verzeichnis der mythologischen Gestalten

Achilleus: A.3
Aglauros: A.17
Amphitrite: A.1, A.2, A.17
Aphrodite: A.1
Apollon: A.1
Ares: A.1
Artemis: A.1, C.4
Athena: A.1
Chariklo: A.1, A.2
Chariten: A.1
Chiron: A.1
Demeter: A.1, A.2
Dionysos: A.1
Eileithyia: A.1
Eos: B.17
Hebe: A.1
Helene: A.21
Hephaistos: A.1, A.2
Hera: A.1, A.2
Herakles: A.15, A.20, A.36
Hermes: A.1 (zweimal), A.10 (zweimal), A.11 (zweimal), A.12 (zweimal), A.13 (zweimal), A.15, A.17; B.1, B.5, B.15; C.7
Hestia: A.1, A.2

Horen: A.1
Iris: A.1, A.2
Kastor: A.21
Kekrops: A.17
Kentauren: A.20
Leto: A.1, A.2
Menelaos: A.21
Memnon: B.17
Moiren: A.1
Musen: A.1
Nereus: A.15, A.36
Nymphen: A.1, A.2, A.35
Okeanos: A.1, A.2
Pandrosos: A.17
Peleus: A.1, A.2
Polydeukes: A.21
Poseidon: A.1, A.2, A.17
Potnia Theron: A.12
Satyr: A.35
Tethys: A.1
Themis: A.1
Zeus: A.1, A.2
[. . . .]chos: B.19
[. . . .].os: A.3

Verzeichnis der erzählenden Themen

Hochzeit von Peleus und Thetis: A.1, A.2, vielleicht auch B.18

Hochzeit von Menelaos und Helene: A.21

Mann und Frau (Götter?) auf Viergespann: A.18

Leichenspiele zu Ehren des Patroklos: A.3, vielleicht auch B.2

Monomachie zwischen Achilleus und Memnon: B.17

Poseidon, Hermes, Pandrosos, Schwester und Kekrops: A.17

Herakles und Nereus: A.15, A.36

Herakles und Kentauren: A.20

Satyr und Nymphe: A.35

Ausfahrt mit Viergespann in Vorderansicht: A.4, A.6, A.7, B.13

Ausfahrt des [. . . .]chos: B.19

Hermes zwischen Sirenen: A.1, A.10, A.11, B.1, B.5, B.15, vielleicht auch C.8

Hermes zwischen Löwen: A.10

Hermes zwischen Sphingen: A.12, A.13, C.7

Hermes und Mann zwischen Sphingen: A.11, A.12

Mann mit Zepter zwischen Löwen: B.16

Mann mit Zepter zwischen Sirenen: B.20

Mann mit Zweig zwischen Sirenen: B.6

Potnia Theron mit Löwen zwischen Löwen: A.12

Komast zwischen Sirenen: B.12

Reiter: A.7, A.37

Prothesis-Ekphora: A.23, A.24, A.25

Abbildungen 1–194

Abb. 2

A.1 London

Abb. 1

A.1 London

Abb. 3

A.1 London

Abb. 4

A.1 London

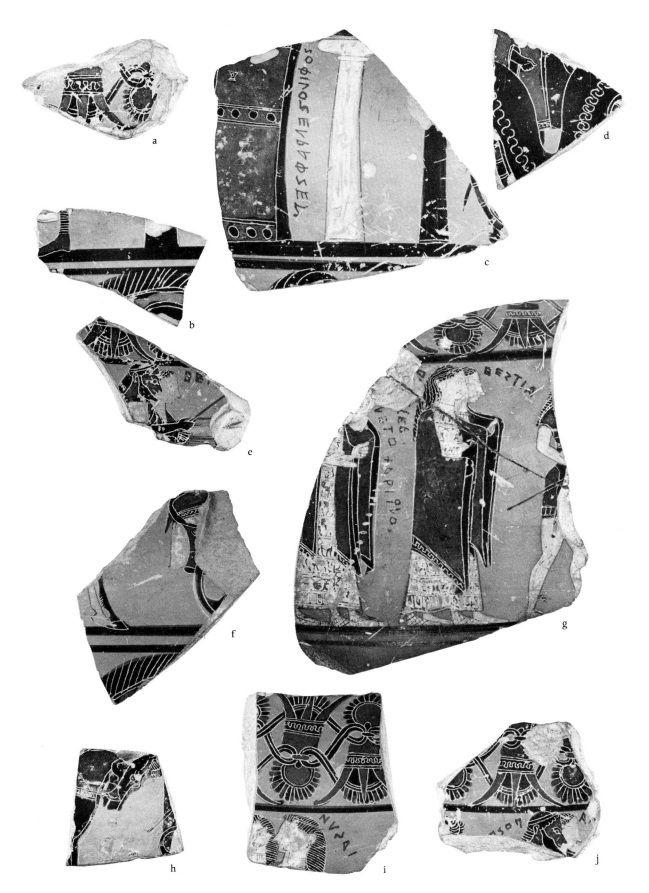

Abb. 5a–j

A.2 Athen

Abb. 6

A.2 Athen

Abb. 7

A.2 Athen

Abb. 8

A.2 Athen

Abb. 9

A.3 Athen

Abb. 10

A.3 Athen

Abb. 11

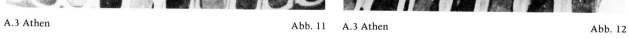

A.3 Athen

Abb. 12

A.3 Athen

Abb. 13

A.3 Athen

Abb. 14

A.20 Athen   Abb. 15

A.20 Athen   Abb. 16

Abb. 18

A.20 Athen

Abb. 17

A.20 Athen

A.20 Athen   Abb. 19

A.20 Athen   Abb. 20

Abb. 21

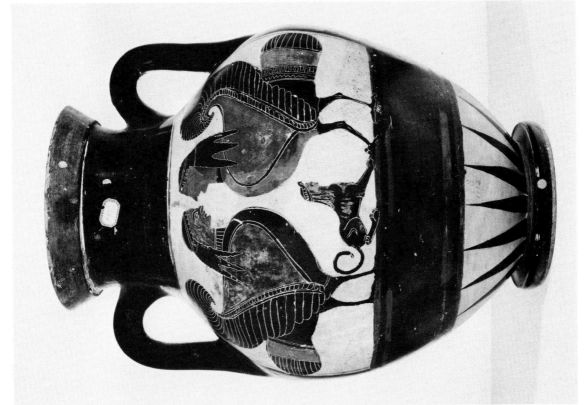

Abb. 24

A.9 Paris

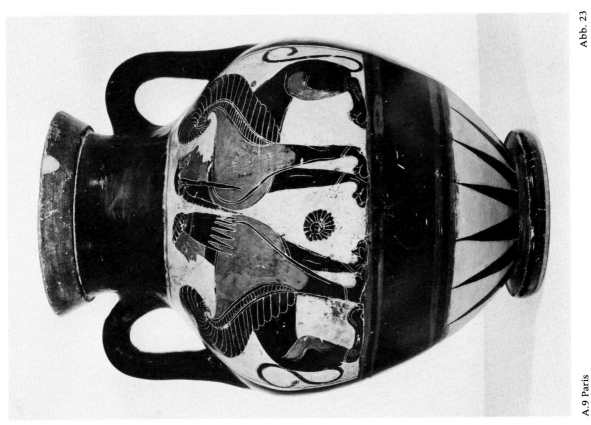

Abb. 23

A.9 Paris

A.9 Paris

Abb. 25

A.9 Paris

Abb. 26

A.19 Ankara

Abb. 27

A.19 Ankara

Abb. 28

A.19 Ankara

Abb. 29

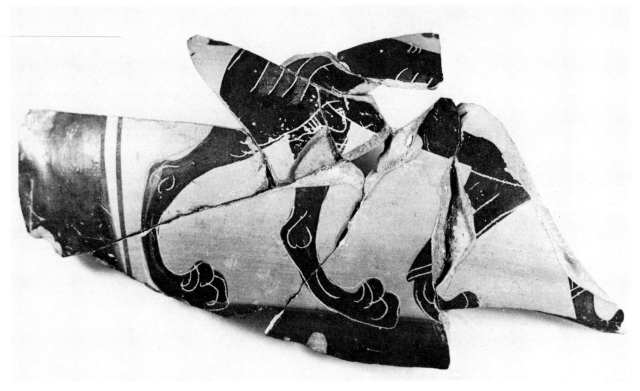

A.19 Ankara

Abb. 30

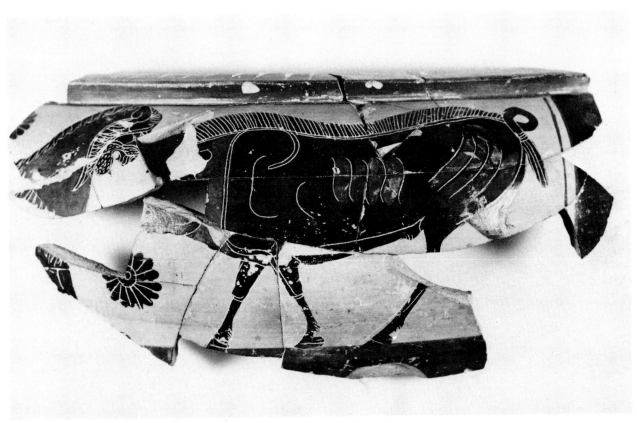

A.19 Ankara   Abb. 31

A.19 Ankara   Abb. 32

A.15 Athen

Abb. 33

A.15 Athen

Abb. 34

Abb. 36

A.15 Athen

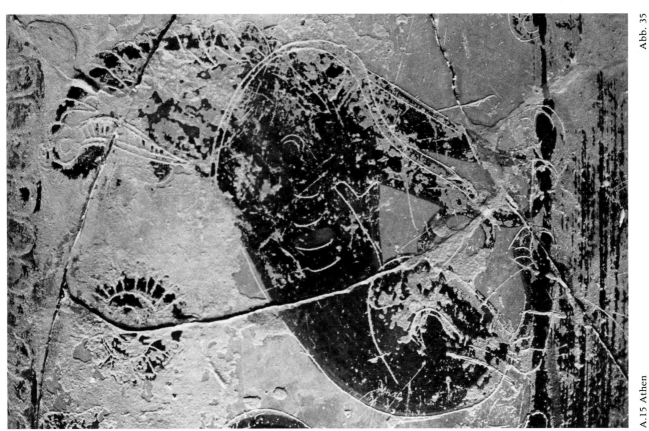

Abb. 35

A.15 Athen

A.15 Athen   Abb. 37

A.15 Athen   Abb. 38

A.15 Athen

Abb. 39

A.15 Athen

Abb. 40

Abb. 42

A.15 Athen

Abb. 41

A.15 Athen

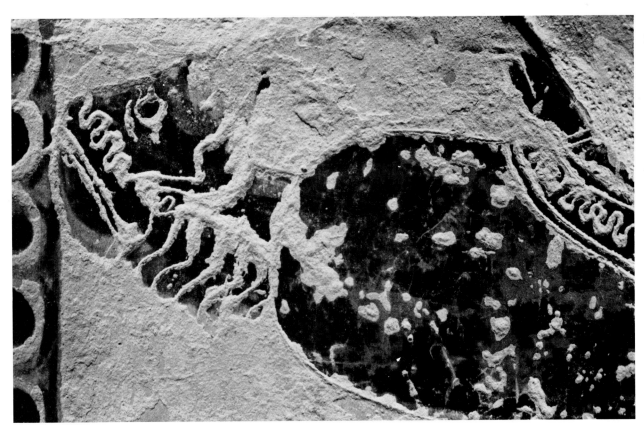

Abb. 44

A.15 Athen

Abb. 43

A.15 Athen

A.10 Athen

Abb. 45

A.11 Florenz   Abb. 46

A.11 Florenz   Abb. 47

Abb. 48

Abb. 49

Abb. 50

A.22 Boston

Abb. 51

A.12 Athen

Abb. 52

A.12 Athen

Abb. 53

A.12 Athen

Abb. 54

A.12 Athen

Abb. 55

A.12 Athen

Abb. 56

A.12 Athen

Abb. 57

Abb. 59

A.12 Athen

Abb. 58

A.12 Athen

A.33 Aegina   Abb. 60

A.33 Aegina   Abb. 61   A.33 Aegina   Abb. 62

A.18 Athen   Abb. 63

A.17 Athen

Abb. 64

A.17 Athen

Abb. 65

A.35 Istanbul

Abb. 66

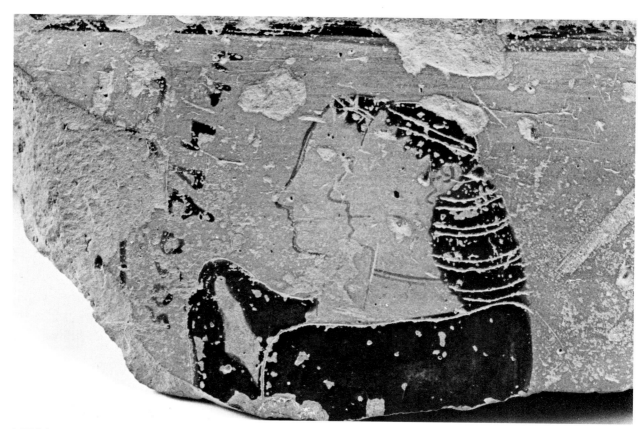

A.17 Athen

Abb. 67

A.17 Athen

Abb. 68

A.23 Athen

Abb. 69

A.24 Athen

Abb. 70

A.21 İzmir

Abb. 71

A.21 İzmir

Abb. 72

A.21 İzmir   Abb. 73

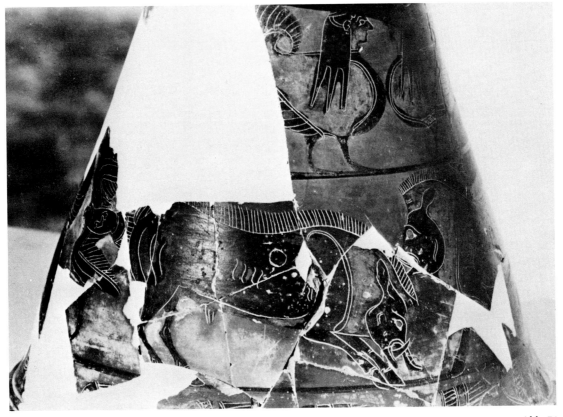

A.21 İzmir   Abb. 74

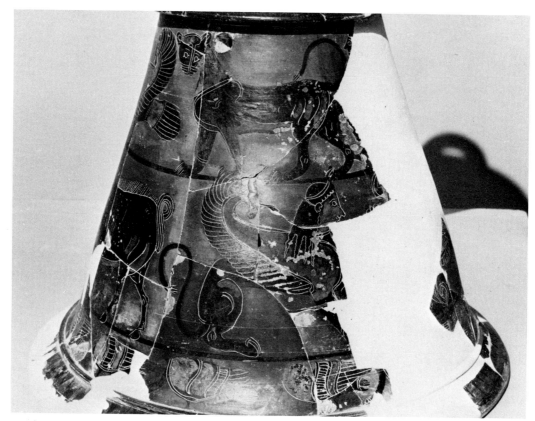

A.21 İzmir

Abb. 75

A.21 İzmir

Abb. 76

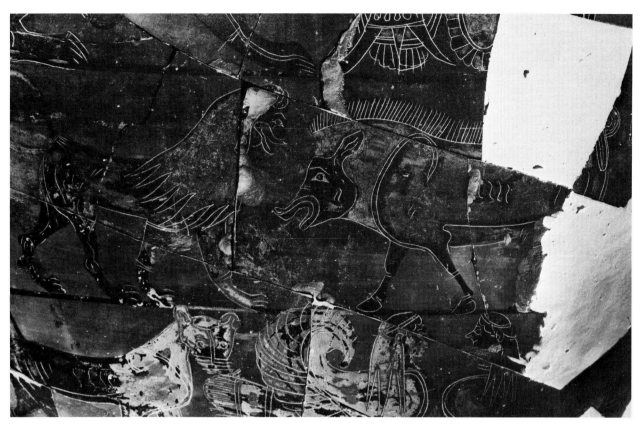

A.21 İzmir   Abb. 77

A.21 İzmir   Abb. 78

A.21 İzmir   Abb. 79

A.21 İzmir   Abb. 80

A.21 İzmir   Abb. 81

A.21 İzmir   Abb. 82

A.4 Paris   Abb. 83

A.4 Paris   Abb. 84

A.4 Paris   Abb. 85

A.4 Paris   Abb. 86

A.4 Paris

Abb. 87

A.4 Paris

Abb. 88

A.14 Athen   Abb. 89

A.14 Athen

Abb. 90

A.14 Athen　　　　　　　　　　　　　　　　　　　Abb. 91

A.14 Athen

Abb. 92

A.14 Athen

Abb. 93

A.14 Athen   Abb. 94

A.14 Athen   Abb. 95

A.14 Athen

Abb. 96

A.14 Athen

Abb. 97

A.30 Athen   Abb. 98

A.30 Athen   Abb. 99

A.30 Athen   Abb. 100

A.30 Athen   Abb. 101

A.30 Athen   Abb. 102

A.30 Athen   Abb. 103

Abb. 104

A.26 Athen

Abb. 105

A.27 Athen

Abb. 106

A.28 Athen

Abb. 108

A.26 Athen

Abb. 110

A.26 Athen

Abb. 107

A.26 Athen

Abb. 109

A.26 Athen

Abb. 112

A.27 Athen

Abb. 114

A.27 Athen

Abb. 111

A.27 Athen

Abb. 113

A.27 Athen

Abb. 116

A.32 Aegina

Abb. 118

A.34 Athen

Abb. 115

A.32 Aegina

Abb. 117

A.34 Athen

Abb. 120

A.38 Damascus

Abb. 122

A.5 Hildesheim

Abb. 119

A.31 Aegina

Abb. 121

A.16 Paris

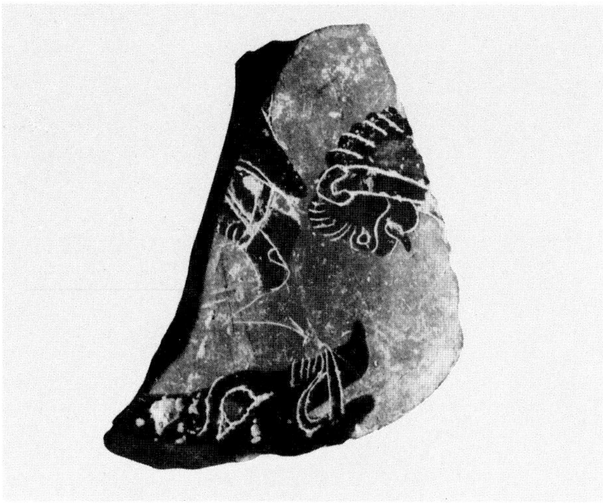

Abb. 124   A.39 Athen

Abb. 126   A.36 Maidstone

Abb. 123

A.7 London

Abb. 125   A.37 Athen

A.13 Oxford   Abb. 127

A.40 Ankara   Abb. 128

A.6 Cambridge   Abb. 129   A.29 Oxford   Abb. 130

Abb. 132

B.1 London   Abb. 133

B.1 London   Abb. 134

B.1 London

Abb. 135

B.1 London

Abb. 136

B.1 London   Abb. 137

B.1 London   Abb. 138

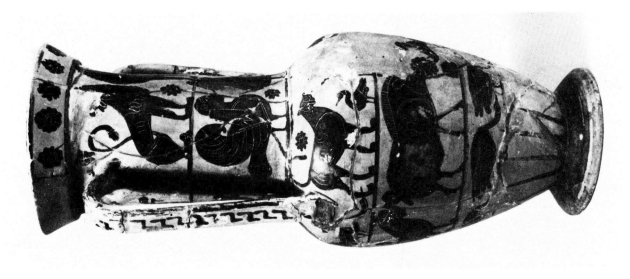

Abb. 141   B.4 Warschau

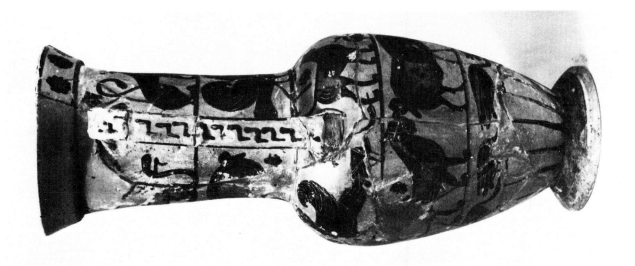

Abb. 140   B.4 Warschau

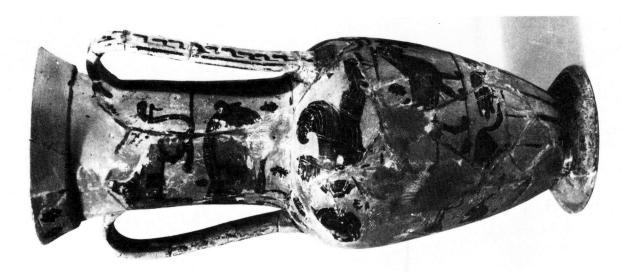

Abb. 139   B.4 Warschau

B.15 Athen

Abb. 142

B.15 Athen

Abb. 143

B.15 Athen   Abb. 144

B.15 Athen   Abb. 145

B.15 Athen   Abb. 146

B.15 Athen   Abb. 147

B.12 Aegina   Abb. 148

B.12 Aegina   Abb. 149

B.12 Aegina   Abb. 150

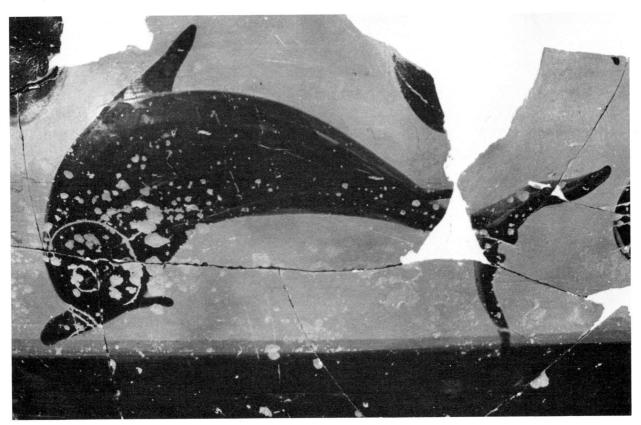

B.12 Aegina   Abb. 151

B.12 Aegina

Abb. 152

B.12 Aegina

Abb. 153

Abb. 156

B.11 Athen

Abb. 157

B.10 Athen

Abb. 154

B.11 Athen

Abb. 155

B.11 Athen

B.2 Herakleion   Abb. 158

B.2 Herakleion   Abb. 159

B.2 Herakleion   Abb. 160

B.3 İzmir   Abb. 161

B.22 İzmir   Abb. 162

B.21 Athen   Abb. 163

B.26 Reading   Abb. 164

Abb. 166

B.13 Paris

Abb. 168

B.13 Paris

Abb. 165

B.13 Paris

Abb. 167

B.13 Paris

Abb. 170

Abb. 172

B.17 Athen

Abb. 171

B.19 Athen

B.18 Athen

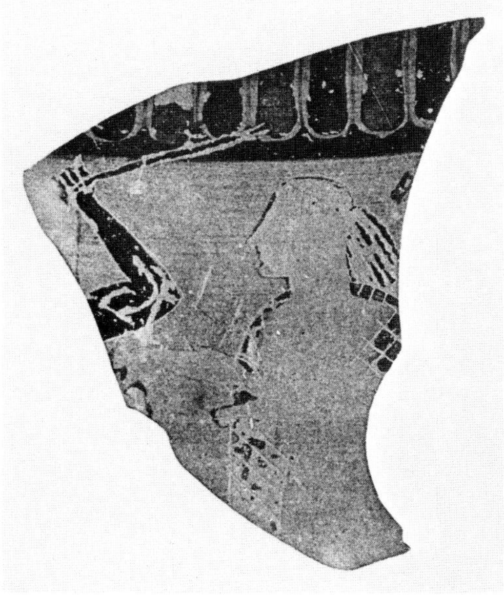

Abb. 169

B.20 Athen

B.28 Athen   Abb. 173

B.24 Cambridge   Abb. 174

B.23 Marseille   Abb. 175

B.27 Oxford   Abb. 176

B.16 Marburg   Abb. 177

B.16 Marburg   Abb. 178

C.1 Athen

Abb. 179

C.1 Athen

Abb. 180

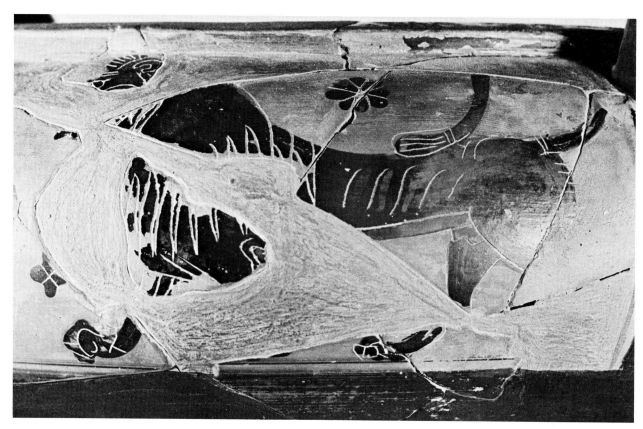

C.1 Athen

Abb. 181

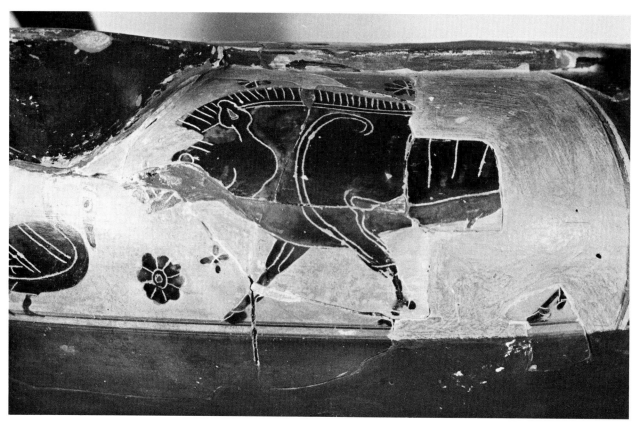

C.1 Athen

Abb. 182

C.3 Athen

Abb. 183

C.4 Athen   Abb. 184

C.5 Aegina   Abb. 185

c

Abb. 186f

d

C.8 Athen

e

b

Abb. 186a–c

a

C.7 Athen

A.2 Athen   Abb. 187

A.2 Athen   Abb. 188

A.2 Athen   Abb. 189

A.2 Athen   Abb. 190

A.2 Athen   Abb. 191

A.2 Athen   Abb. 192

A.2 Athen   Abb. 193

A.2 Athen   Abb. 194